仲よくなれる！　楽しく学べる！

2年生あそび

101

三好真史 著

学陽書房

はじめに

　小学校教育の中でも、２年生というのは、変化の大きな学年です。
１年生の頃は自分のことばかり考えていたけれども、２年生になるとだんだん視野が広くなってきます。
　「友だちと活動をやりたい」「人と関わりたい」という気持ちが高まります。
　また、１年生との関わりから、「お兄さん」「お姉さん」らしくなります。
やってもらっていた立場から、やってあげる立場になります。先輩になり、
少し頼もしくなってくるのです。
　勉強面では、九九や複雑な加法・減法などが始まります。３年生では抽象的な概念を学ぶことになりますが、その基礎を培うのが２年生なのです。
　２年生というのは、人間関係を学ぶ上でも、勉強を進めていく上でも、
変化が大きく、非常に重要な学年であると考えられます。

　そんな変化や成長が見られる学年であるだけに、不安を感じてしまうこともあるものです。友だちとの関わり方が分からなくて、衝突してしまう
子どもがいます。また、数の概念が理解できなくて、勉強を苦手に感じる
子どももいます。

　そこで本書では、２年生が楽しく人と関わったり、勉強に取り組んだり
できるようなあそびをまとめることにしました。
　人との関わりが深いものになるように、教師や友だちと関わるあそびを
集めました。また、算数科や国語科などの教科に加えて、２年生担任が困りがちな音楽のアクティビティも掲載しました。

　この２年生の１年間を楽しく円滑なものにできれば、その先の学校生活
も十分に実りあるものになることでしょう。

　「友だちといっぱい関われた！」
　「勉強するって、おもしろい！」
　「学校が大好き！」

　そんな声が教室中にあふれる学級づくり・授業づくりのために、本書の
「２年生あそび」をご活用ください。

contents

Chapter 1

教師と子どものコミュニケーションを育む 2年生あそび

Chapter 2

友だちとどんどん仲よくなれる
2年生あそび

Chapter 3

音楽の授業が楽しくなる2年生あそび

Chapter **4**

国語の授業が豊かになる2年生あそび

Chapter 5
算数の授業に夢中になる2年生あそび

2年生あそびを行うポイント

　学校生活に慣れてきた2年生ですが、まだまだ未熟な点もあります。2年生あそびをする際に心がけたいポイントを紹介していきます。

①言葉＋動きで教える
　2年生は、まだ言葉の理解に時間がかかる場合があります。あそびをはじめて行う場合は、言葉だけではなく、まずは代表者の子どもと教師とでやって見せるようにします。
　「〇〇というあそびをします。代表してやってくれる人はいますか？」などと尋ねて代表を募り、やりとりをやって見せながらルールを解説します。

②練習時間を設ける
　クラス全体で行うようなあそびは、見本を見せるのが難しいことがあります。そういうときには、「まずは練習時間です」というようにして、練習時間を設けます。ある程度ルールが分かってきたところで、「さあ、それではここから本番です」と始めるようにします。

③強制しない
　ルールが理解できなかったり、気分がのらなかったりして、「やりたくない」と言う子どもがいます。楽しませるはずのあそびで苦痛を感じさせてしまうのであれば、それは本末転倒です。そういうときは、「見ているだけでもいいよ。やりたくなったら言ってね」と声をかけます。強制せずに、子どもの意思を尊重しましょう。

④端的に伝える
　ルール説明では、できるだけ短い文で話すようにします。「〜すると、〜になって、〜になるので……」というように、長々と話してしまうと、意味が伝わりにくいものです。
　「〜です。〜します。〜になります。」と、こまめに句点で切るようにします。短い文をつなぐようにして説明すると、分かりやすくなるのです。

⑤役割を明確にする

　誰が何をやるのかを伝えなければ、「僕から始めるよ！」「私からやるの！」と話し合うだけで、あそびの時間が終了してしまうことがあります。「ジャンケンで勝ったほうから始めます」というようにして、はじめの役割が明確になるように指示しましょう。

⑥教え合う雰囲気をつくる

　分かりやすく説明しても、理解できなかったり、聞き逃したりしてしまうことはあるものです。そこで「ルールが分からない友だちには、教えてあげましょうね」と全体へ声をかけます。となり同士やグループ内でルール確認ができれば、全員が参加できるようになります。

⑦シンプルなルールにちょっぴりの難しさを

　2年生の子どもは、複雑なルールを楽しむことがまだ難しいものです。できるだけ簡単な内容で、それでいてちょっぴり間違えてしまうような難しさを含んだルール設定であそびを行います。

⑧クラス全体が参加する

　あそびにうまく加わることができなければ、トラブルの原因ともなりかねません。特に、「グループで行うあそび」に関しては、一部の子どもだけが楽しんでしまうようなことがあります。全員が参加できているかどうか、教師は全体へ目を配るように心がけましょう。

⑨やり過ぎない

　あそびを終える頃になると、子どもたちは「もう1回やりたい！」「もっとやりたい！」とせがむことがあります。でも、続けてやると飽きてしまうため、子どもが「もう少しやりたいな」と感じるところで終えるのがベストです。時間で区切る場合には、盛り上がってきた頃合いを見計らって、「残り2分で終了します」などと伝え、タイマーで計って終了するようにするといいでしょう。

⑩ちょっとルールを変えて行う

　時間がたっぷりとあるのであれば、短いあそびを少しずつ小分けにして行うのが望ましいでしょう。ルールをちょっとだけ変えれば、飽きずに楽しみ続けることができます。

教師と子どもの
コミュニケーションを育む
2年生あそび

2年生は、教師の影響を
大きく受ける学年です。
教師と子どもの良好な関係を構築し、
そこから友だちや学びへ広がりを
生み出していけるようにしましょう。

先生についていっぱい知ろう！

1 先生クイズ

ねらい 教師について関心をもつ

❶教師に関するクイズを出題する

これから、先生についてのクイズを出します。
クイズを通して、先生のことを知ってくださいね。
班の人と相談して○か×かを決めてください。
問題は全部で10問あります。もっとも正解数の多い班が優勝です。
それでは、第1問！　先生は、京都府出身である。○か×か？

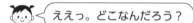
ええっ。どこなんだろう？

話し方が東京っぽいよね。

❷正解を発表する

正解は……×です！　先生の出身は、大阪府です。
タコ焼きをたくさん食べて育ってきました。

へ～っ。大阪なんだ。意外だ！

それでは第2問！
（活動後）
各班、何問正解できましたか？
（確認後）
3班が優勝です。拍手～！

ADVICE！　・正解発表をしつつ、特技を披露したり、苦手なことを紹介したりすると、自
己紹介を兼ねることができます。

先生と友だち、どっちが勝つ!?

2 ジャンケン予想

ねらい 教師の動きを予想する

❶教師と代表者のどちらが勝つのか予想する

「ジャンケン予想」というあそびをします。
今から、代表の人が先生とジャンケンを
します。どちらが勝つのかを予想して、
当てることができたら OK です。3回行
いますが、3回とも当てることができた
人が優勝です。さあ、当てることができ
るでしょうか? では、ジャンケンして
くれる人はいますか? (挙手・指名)
全員起立。さあ、1回戦です。
どちらが勝つと思いますか?
先生だと思う人? Aくんだと思う人?

どちらが勝つと
思いますか?

先生かな?

先生かな?

❷間違えたら座っていく

では、やりますよ。ジャンケンポン! 1回戦は、Aくんでした!
間違えてしまった人は、座りましょう。

ああ〜。

2回戦です。どちらが勝つでしょうか?
(3回戦まで同様に進める)
では、聞いてみましょう。
3回とも当てることができた人?

1回戦は、
Aくんでした!

ああ〜

は〜い!

すごい! 拍手を送りましょう!

ADVICE! ・代表の子どもを変えて3回ほど行います。
・全員起立して、間違えたら座るという方式にすることで、スリル感が
　高まります。

3 先生ビンゴ

先生のことで、ビンゴしよう！

ねらい 教師の性格や趣味を考える

❶教師の好きな食べ物を考えて書き込む

 黒板に食べ物を書きます。その中には、先生が好きなものと、苦手なものとがあります。先生が好きなものを予想してビンゴの中に書き込んでください。あとで読み上げます。ビンゴできるとすばらしいですね。では、書いてみましょう。

 先生は、辛い物が好きそうだな……。カレーライスは書いておこう。

❷教師が好きな食べ物を発表する

 全員書くことができましたか？
では、発表していきますね。カレーライス！

 やった〜！

 納豆！

 ええーっ！

 （クラスの大半がビンゴできたあたりで）
では、ここまでにしましょう。
ビンゴになった人？

 は〜い！

 すごい！　拍手を送りましょう！

ADVICE! ・例えば、「うずらたまご」など、給食に出てきがちな食べ物を入れておくと、その後の会話のきっかけになります。

理由と一緒に聞いてみよう！

4 先生ってどんな人？

ねらい 教師と子どもの距離を縮める

❶ワークシートに記入する

今日は、先生に質問する時間をつくります。
「先生は、○○ですか。先生はこの前、○○。だから、私は先生を、○○と思いました。」
○に当てはまる言葉を考えて、ワークシートに書いてください。

何を書こうかな……？

何を書こうかな……？

❷教師に質問する

発表できる人？（挙手・指名）

「先生は、食いしん坊ですか。先生はこの前、おかわりを3回していました。だから、私は先生を、食いしん坊だと思いました。」

あのときは、おなかが空いていたんですよ〜。
（活動後）みんな、いろいろな先生の姿を見てくれていますね。ありがとう！

「先生は、食いしん坊ですか。先生はこの前、おかわりを3回していました……」

あのときは、おなかが空いていたんですよ〜

ADVICE！

・早い子と遅い子の差が生じるので、早い子は2枚目、3枚目に取り組むように促します。
・活動後は、ワークシートを集めて、コメントをつけて返却するようにしましょう。

5 先生タイムリープ

2年生の先生に質問しよう！

ねらい 教師の子どもの頃を知り、距離を縮める

①タイムリープした教師に質問する

 先生は、今からタイムリープをします。
今、先生はみんなと同じ小学校2年生です。先生に質問をしてください。
制限時間は5分間です。子どもになった先生に質問がある人？
（挙手・指名）

 先生は、
どんなあそびをしていますか？

②質問に対して、教師が答える

 缶けりですね。

 缶けりって、何ですか？

 かくれんぼだけど、見つかっても
仲間が缶をけると助かるあそびです。

 ええっ、おもしろそう！

 そうでしょう。
ほかにも質問はありますか？

ADVICE！ ・実際に、小学校2年生の頃の写真や遊び道具などが見せられると、さらに
親近感が湧くことでしょう。

反対にねじった腕が元に戻る!?

6 せーの、はい！

ねらい 教師の不思議な動きに注目する

❶両手を裏返しにして、つなぐ

 両手を裏返しにして、つなぎましょう。
そうです、裏返しにできていますか？　できていますね。

できたよ！

両手を裏返しにして、つなぎましょう

できていますか？

※ 1回手を離す

❷元に戻して、見せる

 その状態から、手をつないだままで、元に戻してみましょう。
一緒にやりましょうね。せーの、はい！

ええっ!?　できないよ！

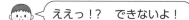

元に戻してみましょう

せーの、はい！

※ 通常の手の組み方にする

ADVICE!　・「裏返しにできていますか?」と尋ねているときに、手を離します。その次に手を組むときに、通常の手の合わせ方で組み、裏返しにしているように見せます。そして、半分だけ元に戻すことで、不思議な動きを演出するのです。

ペットボトルに色がつく！
ペットボトルカラー

ねらい 教師の動きに注目する

❶子どもに水を入れてきてもらう

 Ａくん、このペットボトルに水を入れてきてくれるかな。
（キャップをはずして、ペットボトルを渡す）

 （水を入れてくる）入れてきました。

 ありがとう。
じつは、先生は魔法が使えるのです。ペットボトルをふると、色がつくのです。
そ～れ、紫色になれ～！

ペットボトルをふると、色がつくのです

❷ペットボトルをふる

 ジャブジャブ……。ほら、色がついてきました。

 わっ、本当だ！　すごい！

そ～れ、紫色になれ～！

すごい！

ADVICE！　・キャップの内側に絵の具がついているので、ふると色がつくという仕掛けです。
・はじめから水を入れておいてもOKです。

8 くっつき鉛筆

どうして鉛筆がくっついてるの？

ねらい 教師の動きを見て楽しむ

❶鉛筆を指で押さえる

 先生は、鉛筆をくっつけることができます。

 分かった〜！　それ、指で押さえているんでしょう。

 バレていましたか。
じつは、こうやって押さえているんですよね。

 僕もやってみよう！

先生は、鉛筆をくっつけることができます

それ、指で押さえているんでしょう

❷鉛筆が手にくっついているように見せる

 すぐにバレちゃったな〜。やれやれ。

 えっ!?　先生……今、手を離したよ!?

 おおっと、いけない。

 ええっ？
どうなってるの!?

裏側

すぐにバレちゃったな〜

えっ!?

ADVICE!　・腕時計にペンをはさみ、それで鉛筆を押さえるようにします。

ペンと消しゴムが交互に消える？

9 ペンと消しゴム

ねらい 教師の動きを見て楽しむ

❶ペンを耳にかける

このペンで、消しゴムを消しますね。いち、にの、さん！
（3回ペンをふり、3回目で耳にかける）
あれ？　ペンが消えちゃいました！

本当だ！
どこにいったの？

消しゴムを
消しますね

いち、にの、

さん！
ペンが
消えちゃいました！

❷消しゴムをポケットに入れる

（ペンを見せる）こんなところにありました。

な〜んだ！

もう1回やりますね。
いち、にの、さん！
（ペンをふり、手を開いて見せる）
あれ？　消しゴムが消えた！

え〜っ！！！！！

こんなところに
ありました！

もう1回
やりますね。
いち、にの、

さん！

ADVICE！　・「こんなところにありました」と言いながらペンを見せているすきに、こっそりと消しゴムをズボンのポケットに入れてしまいます。

見えない糸で、紙が動く！

10 紙引っぱり

ねらい 教師の動きを見て関心を抱く

❶紙を動かしてみせる

 紙を持っています。ここに、見えない糸があるんですよね。
（片手で紙を糸で引くふりをする）シュッ！　シュッ！　シュシュッ！

 ええっ、すごい！

❷子どもとともにあそぶ

 タネアカシをしますね。
じつは、紙に切れ目があるから、親指で動かせば動くのです。
みんなもやってみたいですか？

 やってみた〜い！

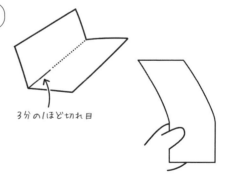

3分の1ほど切れ目

ADVICE！ ・紙は、どんなサイズでも可能ですが、A6サイズ程度の大きさが適しています。半分に折って、折り目の下部分3分の1ほどにハサミで切れ目を入れます。切れ目があるほうを手で持つ側にして、親指で動かします。この動きに合わせて反対側の手で糸を引っ張る動きをします。

11 先生と同じポーズ、できるかな？
マネっここざる
ねらい 教師の動きに注目する

❶教師のまねをしてポーズをとる

先生が、「マネっここざる」と言います。
その後、先生とまったく同じ格好をしましょう。
ちょっとでも違っていたらアウトです。
全員起立。間違えてしまった人は、座りましょう。
では、いきますよ。マネっここざる！
（ポーズをとる）

マネっここざ

❷難易度を上げていく

る！

うわ～、間違えちゃった……

だんだん難しくしますよ。マネっここざる！

できた～！

スピードアップしますよ。
マネっここざる！
マネっここざる！

うわ～、間違えちゃった……。

はい、ここまでにしましょう。
最後まで残ることができた人に、拍手を送りましょう！

ADVICE！　　・マネっここざるの「る」の部分を、特に強調して言うようにします。
・特に手の組み方を複雑にすると、難易度はさらに高まります。

先生の動きをよーく見て！
12 GOGO バナナ
ねらい 教師の動きのマネをする

❶教師と同じ動きをする

 先生が、「GO！　バナナ！　GOGO バナナ！」と言いながら踊ります。
その間にやる先生の動きを、「はい」と言われた後に
「GO！　バナナ！　GOGO バナナ！」と言いながらやってみましょう。
間違えたらアウトですから座ってください。では、いきますよ。
（踊りながら）GO！　バナナ！　GOGO バナナ！　はい！

 GO！　バナナ！
GOGO バナナ！

❷だんだん難しい動きにする

 GO！　バナナ！　GOGO バナナ！　はい！

 GO！　バナナ！　GOGO バナナ！

 あっ、間違えちゃった～！

 （活動後）最後まで間違え
なかった人に、拍手を送
りましょう！

ADVICE！　・「腰に手を当ててクネクネする」「バンザイしながらジャンプする」「フラダ
ンスのような動きをする」など、シンプルな動きから始めましょう。

13 今日はどの挨拶をして帰る？
挨拶セレクション
ねらい 教師と子ども1人1人が関わる時間をもつ

❶どの挨拶にするのかを考える

今日は、出口で先生と挨拶をして帰ります。次の中から選ぶことができます。
バイバイ、イエイ、グータッチ、ハイタッチの4つです。
教室の出口のところに、その4種類の紙を貼っているので、手のひらで押して選んでください。

どれにしようかな～。
グータッチにしよう！

❷教師と挨拶をして帰宅する

グータッチ！

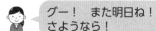
グー！　また明日ね！
さようなら！

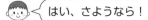
はい、さようなら！

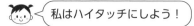
私はハイタッチにしよう！

ADVICE！
・ほかにも、握手や指先タッチなどが考えられます。クラスで、どんな挨拶をして帰りたいのかを考えさせるのもいいでしょう。
・身体接触を好まない子どももいるので、「バイバイ」のような接触のないものを1つは含めておくようにします。

先生はどこが変わったの？ 先生間違い探し

ねらい 教師の様子に注目する

❶ 30 秒間目を閉じる

 先生をよーく見てください。今から、先生はちょっとだけ変身します。先生のことを、覚えてくださいね。どこが変わったのかを当ててください。
では、全員机にふせて、目を閉じてください。みんなで 30 秒数えましょう。
いーち。にーい。さーん……。

先生をよーく見てください

❷ 変わったところを発言する

 （30 秒後）では、どこが変わったでしょうか？　難しいですよね～。

 分かった～！　はい！

 （挙手・指名）A さん。

 靴が長靴になっています！

 正解です！
（脱ぎながら）ほかにもあるけど、分かるかな？

どこが変わったでしょうか？

分かった～！

ADVICE!　・全部で5か所くらいの間違いをつくりたいところです。頭、顔、腕、胴、ポケット、靴というように、全身に分散させるといいでしょう。

先生の言葉とは逆に動こう！

あまのじゃく

ねらい 教師の指示に耳を傾ける

❶右手と左手を教師に言われた通りに動かす

 今から、先生に言われたことと逆の動きをします。
「上げる」と言われたら腕を下ろすし、「下ろす」と言われたら上げるようにするのです。では、練習してみましょう。

右手を下げる

❷教師の言葉と逆の動きをする

 右手を下げる。左手を下げる。両手を上げる。両手を上げない。
「上げない」だから、上げるのが正解です。

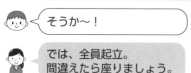

そうか〜！

では、全員起立。
間違えたら座りましょう。

両手を上げない

上げるのが
正解です

そうか〜！

ADVICE! ・教師があえて間違うような動きをすると、つられてやってしまう子どもが続出します。慣れてきたところで、仕掛けてみましょう。

それって、どんなおじいさん?

16 ゆでたまごを食うじいさん

ねらい 怖そうな話を聞いて楽しむ

❶怖そうな話をする

 授業が少し早く終わりましたね。怖い話をします。

 やった～!

 (電気を消す) タイトルは、
「ゆでた　まごを食う
じいさん」
ゆでた……まごを食う……
じいさん……、
ゆでた……まごを食う……
じいさん……。

ゆでた……
まごを食う……
じいさん……

❷オチを伝える

 ゆでたまごを食うじいさん……。
ほら、怖かったでしょう?

 全然怖くないよ～!

 あれ?　そうですか?

ゆでたまごを
食うじいさん……

全然怖くないよ～!

ADVICE! ・教室の照明を消すなど、怖そうな雰囲気を演出してから語り出すようにします。

十字架が出てくるなんて！
17 悪の十字架
ねらい 怖そうな話を聞いて楽しむ

❶怖そうな話をする

今日、みんなに話すのは、「悪の十字架」というお話です。
「悪の十字架」、怖そうなお話ですね。
ある男は、まわりに嘘ばかりついていました。そのことを、本人も悩んでいたのです。このままではまずいと感じた男は、夜が明けたらすぐに教会へ行ってあやまろうと決めていました。そして次の日の明け方、男はもう目が覚めていました。じつは、罪の意識から、まったく眠れなかったのです。早く、早く教会へ行かなければ……。まだ朝の7時でしたが、着替えをすませて出かけました。でも、教会はまだ閉まっていて、開くのは10時と書いてありました。

「悪の十字架」というお話です

❷オチを伝える

男はつぶやきました。
「開くの10時か……。あくのじゅうじか……。悪の十字架。」
ああ、怖いですね～。

もう、怖くないよ！

「開くの10時か……」

怖くないよ！

ADVICE! ・台詞の部分は、主人公の男のような口振りで語るようにします。

18 恐怖トンネル

心霊スポット、怖ろしい！

ねらい 怖そうな話を聞いて楽しむ

❶怖そうな話をする

今日は、「恐怖トンネル」というお話です。
怖そうでしょう？　恐怖トンネル。
夏休み、先生は友だちと2人で、心霊スポットを回る旅に出かけていました。
ホテルには泊まらずに、寝袋に寝て、数日が過ぎました。
いよいよ、旅の最終日。幽霊が出ると噂のトンネルに行きました。
暗く長いトンネルを抜けると、1軒の古びた旅館がありました。
それをじっと見ていた友だちが、こう言いました。

今日は、「恐怖トンネル」というお話です

❷オチを伝える

「寝袋も疲れてきたな。今日、布団寝る？
きょう…ふ…とんねる。恐怖トンネル……。」

怖くない！
本当に怖い話をしてよ！

あれ、そうかな〜？

今日、布団寝る？

怖くない！

ADVICE! ・はじめにタイトルを繰り返すことで、オチにつなげるようにします。

19 呪文、目が溶けた

呪文で、いったい何が起こる？

ねらい 怖そうな話を聞いて楽しむ

❶怖そうな話をする

「呪文、目が溶けた」というお話をします。
「呪文、目が溶けた」。ああ、怖そうですね〜。
教室の中は、重苦しい空気が流れていました。
ある女の子が、紙をジッと見つめています。
金縛りにあったかのように動きません。
やがて、テストの終わりをつげるチャイムが鳴りました。
すぐに、友だちが女の子のところに駆け寄り、こう言葉をかけました。

「呪文、目が溶けた」
というお話をします

❷オチを伝える

「ね〜、10問目がとけた？　ね〜、じゅうもんめがとけた？
呪文、目が溶けた！」以上、怖い話でした。

も〜、もっと怖い話をしてよ！

ね〜、
10問目がとけた？

もっと
怖い話をしてよ！

ADVICE！　・「じゅうもんめ→じゅもんめ」のところは、繰り返しながら、少しずつ短くしていきましょう。

怖い話をするあそび⑤

歯医者に、どんな異変が?

20 歯医者死んだよ

ねらい 怖そうな話を聞いて楽しむ

❶怖そうな話をする

「歯医者死んだよ」というお話をします。
「歯医者死んだよ」。これこそ、怖い話です。では、話しますね。
子どもたちが、ある心霊スポットを見に行きました。
ここは、以前に歯医者さんが車の事故で亡くなったところです。
見通しが悪い崖のそばには、花が供えられています。
そこで、みんなで写真を撮ることになりました。
みんな、なかなかカメラに集中してくれません。
カメラを構えていた1人の子どもは、こう叫びました。

「歯医者死んだよ」というお話です

❷オチを伝える

「はい!　写真だよ!
はいしゃ、しんだよ……。
歯医者死んだよ……。」
というお話でした。

も〜、全然怖くないってば!

はい!
写真だよ!

全然怖く
ないってば!

ADVICE!　・心霊スポットの話をしている場面では、演劇風に歩きながら話すようにすると臨場感が出ます。

フラッシュカードの使い方

算数科の導入では、フラッシュカードを用いて算数あそびをすると効果的です。販売されているものもありますが、印刷室にあるような紙でも十分に作ることができます。ぜひ、自作してみましょう。

①紙をつくる

まずは、紙選びから始めましょう。画用紙だと薄すぎて、1枚ずつめくることが難しいです。「白表紙」の紙が、フラッシュカードとして使うのに適しています。

紙の表に、数字や計算式を書きます。太いマジックで大きく書くようにしましょう。また、教師に見える側のほうにも、数字や計算式の答えを薄く書いておくようにします。

②角を切る

フラッシュカードは、紙を切りそろえておきます。特に、手で持つほうをカットすると、カードの入れ替えがやりやすくなります。また、整理する際に紙が切りそろえられていると、裏と表が合わせやすいのです。右利きの人は、下図のようになります。左利きの人は、反対側の角を切ります。まとめて、電動の裁断機等で端をカットしましょう。

③後ろから前へ送る

フラッシュカードは、「後ろから前へ」送るようにするのが基本です。そうすると、フラッシュカードの背面には数字や式が書かれているので、教師自身が、次に何を出すのか把握することができるのです。前から後ろへ送ると、「今、何を提示しているのか」が分からないため、やりにくいのです。持ち手の親指で押し上げるようにしてズラした紙を、もう一方の手で持ち上げて、前に送り出します。

3×4

Chapter

2

友だちとどんどん仲よくなれる2年生あそび

2年生は、
子ども同士のつながりを大切にします。
関わりたいけれども関わり方が分からず、
衝突も起こりがちです。
あそびを通して、友だちとの関わり方を
考えさせましょう。

21 相手の話にビックリ仰天！

「？」と「！」

ねらい 友だちの話にリアクションする

❶2枚のカードを配る

 今から、2枚のカードを配ります。
1枚に「？」、もう1枚に「！」を書き込みましょう。
「？」を見せたら、見せられた人が自己紹介を始めます。
話す人は、できるだけたくさん話しましょう。
聞く人は、相手の話にびっくりしたら、
声を出さずに「！」のマークを出します。
そして、すぐに「？」に戻し、話し手に話を続けて
もらいます。2分間経ったら交替しましょう。

僕の名前は、
大鳥太郎です

 （「？」のカードを揚げる）

 僕の名前は、大鳥太郎です。
趣味は、野球をすることです。

❷2分間で交替する

 いつも、公園で、お父さんと
キャッチボールをしています。

 （「！」のカードを揚げる）

 2分間経ちました。
交替しましょう。
（活動後）お互いに話を聞いて感じ
たことを伝え合いましょう。

いつも、公園で、
お父さんと
キャッチボールを
しています

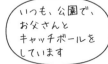

ADVICE! ・2枚のカードは、プリントの余り紙などを切って作成します。印刷室で裁断
して用意しましょう。

ジャンケンで勝ったら、パチンとたたこう！

22 ジャンケン手たたき

ねらい 友だちと手を合わせてあそぶ

❶ジャンケンで手をたたき合う

友だちと仲よくなれるジャンケンをしましょう。
となりの人と左手で握手をして、握った手を離さずに、あいている右手
でジャンケンをします。
勝ったら、相手の左手を右手でたたきます。負けたら、自分の手を右手
で守ります。
ただし、力いっぱいたたくのはダメです。痛くないように、相手のこと
を考えてたたくようにしましょう。では、1分間やってみましょう。

ジャンケンポン！　勝った！

❷相手の手をいたわる

うわっ！

（活動後）では、そこまでにします。
たくさんたたいた人は、相手の
手をいたわってあげましょう。

ADVICE！ ・興奮して強くたたこうとする子どもには、「仲よくなるためにやっているの
で、楽しめる範囲でやりましょう」と声をかけましょう。

23 肩もみ合いっこ

肩をもみながら、おしゃべりしよう！

ねらい 友だちと肩をふれ合って関わる

❶友だちと肩をもみ合う

 今日は、肩もみをしましょう。となりの人とジャンケンをして、負けた人が、勝った人の肩をもみます。やさしい気持ちをこめてもみましょう。
もむ人は、もみながら、最近考えていることを話してください。もまれている人は、ひたすら聞き続けてください。では、2分間やってみましょう。

 最近、家でよく
怒られるんだよね～。

 どうして？

最近、家でよく
怒られるんだよね～

どうして？

❷もみながら話をする

 あんまりお手伝いをやらないからかな。

 怒られるのは、いやだね。

 では、2分間が経ちましたので、交替しましょう。
（活動後）やってみて、どんな感じがしましたか？

 肩をもんでもらって、
スッキリしました！

 話を聞いてもらえて、
うれしかったです！

あんまりお手伝いを
やらないからかな

怒られるのは、
いやだね

ADVICE！ ・肩もみに集中してしまって、話ができないペアが見られます。「もんでいる
人は、何か話をしてみよう」と促しましょう。

どんな聞き方が、いいのかな？

24 聞き方くらべ

ねらい よりよい聞き方を考える

❶いやな聞き方をする

話をしていて、気持ちいいなと思うときと、なんだかいやだなと思うときはありませんか？　その違いは、じつは「話の聞き方」にあるのです。今日は、比べる遊びをしてみましょう。2人組で、話す人と聞く人になります。話す人は、休みの日にすることを話します。
聞く人は、目を合わせず、あいづちも打たず、できるだけいやそうに聞いてみましょう。では、となりの人と、ジャンケンをします。負けた人が話す人、勝った人が聞く人です。
（1分後）交替しましょう。（1分後）やってみて、どんな感じがしましたか？

聞いてもらっていない感じがして、
すごくいやな気持ちになりました。

昨日は、ごはんを食べに行ったよ

……

❷いい聞き方をして、比べる

では、今度はいい聞き方をしてみましょう。何に気をつければいいでしょうか。
（挙手・発言）うなずいたり、目を見たりしながら聞くようにしてみましょう。
となりの人とジャンケンして始めてください。
（1分後）交替しましょう。　（1分後）どう感じましたか？

目を見てもらうと、安心して
話すことができました。

そうですね。授業中でも、そういう
話の聞き方ができるとステキですね。

昨日は、ごはんを食べに行ったよ

うんうん。それで？

ADVICE！　・いい聞き方を身につけさせる際には、「逆」を考えさせるようにするとスムーズです。「目を見なかったら、いやな気持ちになったよね。じゃあ、どうすればいいのだろう？」という具合にです。

ペアあそび⑤

断る力を身につけよう！
お断りごっこ
ねらい よりよい断り方を考える

❶相手の要求を断る

 友だちと接している中で、どうしても断らないといけないことがあります。今日は上手に断る方法について考えましょう。となりの人と2人組で行います。1人がものを貸してほしいと頼みます。もう1人は、それを断ります。いやな気持ちにさせずに断れたらOKです。では、やってみましょう。

ね〜、その筆箱、貸してよ！

いやっ！

❷上手な断り方を考える

 では、見本をやってくれる人はいますか？
（挙手・指名）では、AくんとBさん、お願いします。

ね〜、ランドセル、貸してよ。

これ、私、毎日使っているものだし、おじいちゃんに買ってもらった大事なものなんだ。ごめんね。

それは仕方ないね。

2人に拍手を送りましょう！

ADVICE！ ・2年生は、友だちとのトラブルが多くなる学年です。断り方を学ばせることで、友だちとの上手な関わり方について考えさせるようにしていきましょう。

黙ったままで、お絵かきしよう！

26 無言絵画

ねらい 動きや表情から相手の気持ちを考える

❶班で協力して絵を完成させる

班で協力して1枚の絵を描きます。ただし、決して話をしてはなりません。メンバー同士で相手の気持ちを読み取り、どんな絵を描こうとしているのかを感じ取ります。1人ずつ交替して描きます。制限時間は10分間です。

 （水族館の絵を描こう）

 （いいね！）

❷終了後、話したかったことを伝え合う

さて、そこまでです。
作業中に話せなかったことを、話し合ってみましょう。

 ここは、タコにしようって伝えたのに〜。

 ええ？　そうだったの？

 やってみて、感じたことはありますか？（挙手・発言）
言葉がなくても、相手の気持ちはわかるのですね。
相手の気持ちを理解するためには、表情とか、体の動きとかをよく見ることが大切です。

ADVICE！ ・描いた絵は、教室の後ろに1日掲示しておくと、ほかのグループの成果を鑑賞することができます。

27 彫刻決戦
彫刻のように固まろう！

ねらい 一定の姿勢で止まる意識をもつ

❶彫刻になりきる

今日は、姿勢の悪い人が多いですね。みんなで、彫刻になりましょう。ポーズをとります。動いてしまった人は、アウトです。まずは、班のみんなと彫刻のポーズを考えます。

私は、やり投げの彫刻になりたいな！

（活動後）では、みんなでやってみましょう。動いていないかどうかは、先生が判定します。呼ばれたら座ってくださいね。全員、起立。始め！

……。

始め！
…………

❷全員で楽しむ

Aさん、アウト！　Bくん、アウト！
（1分経過）では、まだ残っている人、合格です。合格できた人たちに、拍手を送りましょう！　では、もう1回やります。班の人と新しいポーズを相談しましょう。

次は、「考える人」のポーズにしようよ！

Aさん、アウト！

ADVICE!
・だらけている雰囲気のときに行うと効果的です。
・彫刻の写真などを見せると、動きのイメージをもちやすくなります。

拍手を送って一体感アップ！

28 パチパチ回し

ねらい 班の友だちと協力する

❶順番に拍手を回していく

 拍手をパチパチ回します。となりの人に拍手を送ります。送られた人は、拍手でキャッチします。そして、次の人に拍手を送ります。受け取って「パン」、送って「パン」というように、2回拍手するのです。班の中で、グルグルと回していきましょう。

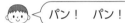 パン！　パン！

パン！　パン！

❷慣れてきたところで、逆方向にも回していく

 だいぶスムーズになってきましたね。どんどん早くしてみましょう。回す方向を変えたいときは、反対に回してもOKです。

 パン！　パン！

パン！　パン！

ADVICE！　・上達したら、「1人2回ずつたたいていたのを1回にしましょう。受けるのと送るのを、同時にやります」とルール設定すると、さらに速さが増していきます。

グループあそび④

手のひらでノートを渡していこう！

29 ノートリレー

ねらい 同じ列の人と協力する

❶先頭からノートを渡していく

 今日は、列対抗でリレーをします。列の先頭の人に、先生がノートを渡します。これを、右手の手のひらだけを使って後ろの人に渡してください。
決して左手を使ってはいけません。落としたら拾って、もう一度渡します。
用意、始め！

 いっせーのーで！

いっせーのーで！

❷一番後ろまでたどり着いたらゴールになる

 はいっ！　できた！

 （活動後）一番はやく後ろまでたどり着いたのは……4列目の人たちです。拍手～！

 ああ、悔しい～！

 もう1回やりましょう。今度は、後ろから前に進めますよ。

はいっ！できた！

ADVICE!
・人数が異なる場合があります。少ない列については、最後の1人を折り返すようにしてゴールとします。
・落としたときに汚れる可能性があるため、教師が余りのノートなどを貸し出すようにしましょう。

42

グループあそび⑤

拍手の人数で集まろう！

30 せーので、集まれ！

ねらい　ランダムにグループを組む

❶拍手の回数だけ仲間で集まる

「せーの！」と言ったら、拍手をします。拍手を1回ずつ増やしていきます。
拍手した後に、先生が「集まれ！」と言ったら、拍手の回数だけ友だちと集まって座りましょう。
せーの、パン！
せーの、パンパン！

❷何度も実施する

せーの、パンパンパン！　集まれ！

3人組だ〜！

あと1人……。

では、もう一度。
せーの、パン！　せーの、パンパン！　集まれ！
（活動後）Aさんは、友だちに声をかけて、グループができるように工夫していましたね。とてもステキでしたよ。

ADVICE！

・子どもの人数が余らないように、クラスの人数で割り切れる数で集合をかけましょう。
・学級開きの直後であれば、集まった仲間と自己紹介をし合うのもいいでしょう。

みんなあそび①

31 同じもの好きで、集まろう!
この指止〜まれ!

ねらい 友だちと好きなものへの思いを共有する

❶ 同じものを好きな人を見つける

 まだ、お互いのことをよく知らないところがありますね。今日は、お互いのことをよく知るあそびをしましょう。今から、テーマを言います。そのテーマに合ったものを言いながら、「○○が好きな人、この指止〜まれ!」と言いましょう。自分が言ってもいいですし、言っている人を探してもかまいません。1つ目のお題は、「食べ物」です。では、始めてください。

 お寿司が好きな人、この指止〜まれ!

 集まった人で、どうしてそれが好きなのかを話し合ってみましょう。

お寿司が好きな人、
この指止〜まれ!

❷ 好きな理由を話し合う

 いろいろな魚を食べられるのがいいよね。

 僕は、マグロが大好き。

 次のお題は、好きな教科です。
(活動後)やってみて、どう感じましたか?

 自分と同じものを好きな人がたくさんいて、なんだかうれしくなりました。

いろいろな魚を
食べられるのが
いいよね

ADVICE! ・あまりにも人数が多くなるときは、指に触れていなくても、集まっていればOKとします。

44

みんなあそび②

好きなもの、なんて言ったかな？

32 あの子の好きなもの

ねらい 友だちの発表に耳を傾ける

❶好きなものを紹介する

まだ、みんな、お互いの好きなものを知らないんじゃないかな。
今日は、名前と好きなものを紹介してもらいます。
後でクイズを出しますから、よ～く話を聞きましょうね。
では、端の川上くんから始めましょう。

川上太郎です。好きな食べ物は、
コーンフレークです。

川上太郎です。
好きな食べ物は、
コーンフレークです

❷クイズを出題する

では、クイズ第1問。山田さんの好きな
食べ物は、何でしょうか？
（挙手・指名）正解は、トマトでした！
第2問。サラダが好きと言った人は、誰
でしょうか？
（挙手・指名）正解は、田中さんです！
第3問。唐揚げが好きと言った人は何人
いたでしょうか？
（挙手・指名）正解は……答えた人、手を
挙げてください。この通り、3人でした。
3問とも正解できた人はいますか？
（挙手）すばらしい！
よく聞いていますね。正解した人に、拍
手を送りましょう！

クイズ第1問。山田さんの好きな
食べ物は、何でしょうか？

ADVICE!　・「好きなもの」が思いつかなくて、言葉に詰まる子どもがいます。そういう子
どもには「最後にもう1回聞くから、考えておいてくださいね。友だちと同
じでもいいですよ」というように声をかけます。

33 背中にシール

背中のシールは、何色だ？

 ねらい 友だちのことを思いやる

❶背中にシールを貼る

 今日は、「背中にシール」というあそびをします。今から、先生が4色のシールをみんなの背中に貼ります。同じ色の人たちで、1か所へ集まってください。ただし、いっさい言葉を使ってはいけません。

僕は何色なのかな……？

 （僕は何色なのかな……？）

❷言葉を使わずに、ほかの人に教えてあげる

 （あなたはあっちだよ！）

 （ありがとう！）

 （全員が移動完了）はい、そこまで。では、確認しますよ。みんな……同じ色になっています、すばらしい！ 拍手！ どうして、言葉を使っていないのに、分かったのですか？

あなたはあっちだよ！

ありがとう！

 友だちが、そっちだよって教えてくれました。

 なるほど。やさしいですね！こうやって助け合えば、難しいこともできるようになるのですね。

ADVICE！ ・シールは、丸形のカラーシールがいいでしょう。できるだけ大きいもののほうが見やすくて適しています。

34 絵合わせパズル
同じ絵の人、見つけよう!

ねらい クラスのみんなで協力する

❶同じ絵の人を探す

今日は、絵合わせパズルをします。みなさんにバラバラになった絵の一部を配りました。これを合体させて、1枚のもとの絵を完成させてください。ただし、おしゃべりしてはいけません。黙ったままでやります。制限時間は3分間です。

（同じ絵の人、見つけた!）

（これは、しっぽなのかな?）

（同じ絵の人、見つけた!）

❷同じ絵でパズルを完成させる

（どこへ行けばいいのかな?）　　（こっちだよ!）

はい、そこまで!　絵が完成できた人?

は～い!

すばらしい!
何の絵になりましたか?

牛です!

馬です!

猫です!

ADVICE!　・絵は、1つの絵を3～4枚に切り分けます。カラーコピーしたものを、当日の出席人数に合わせて切り分けるようにするといいでしょう。

2分間、片足立ちができるかな?

35 片足立ち選手権

ねらい 応援し合う雰囲気をつくる

❶片足で立つ

 今から、「用意、ドン!」の合図で、片足を上げます。2分間立っていられたら、合格です。みんなは、最後まで立っていられるでしょうか?
両足をついた人は、席に座って、まわりの人を応援してあげてください。
全員起立。用意、ドン!

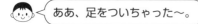 ああ、足をついちゃった〜。

 フラフラしちゃう……。

用意、ドン!

フラフラ
しちゃう……

❷2分間立ち続ける

 足がついちゃった!

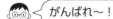 がんばれ〜!

 2分間経ちました!
最後まで立っていられたのは、AさんとBくんとCさんでした! 拍手〜!

足が
ついちゃった!

ADVICE! ・慣れてきたら、「目を閉じて片足立ち」も実施してみましょう。その際、まわりに危険物がないよう、環境への配慮は忘れずに。

36 いやなところ言い換えっこ

短所を長所に言い換えよう！

ねらい 自分自身や友だちのあり方を見直す

❶自分の短所を友だちに伝える

 みんなには短所がありますか？
誰にだって、よくないところはあるものです。
でも、じつは、短所というのは、見方を変えれば長所になるのです。今日は、自分自身の捉え方を変えるあそびをしましょう。となりの人に、自分の短所を話します。それを聞いたら、となりの人は、「でも、それって○○ってことだよね」と長所に言い換えてあげてください。

僕は、集中力がなくて……

❷短所を長所に言い換える

 僕は、集中力がなくて……。

 でも、それって、いろいろなことを考えることができるってことだよね。

 そうかな～。ありがとう！　Bさんの短所は？

 私の短所は、余計な一言を言ってしまうことかな。よくお母さんに怒られるよ。

 でも、それって、言葉をたくさん知っているってことだよね！

 はい、そこまでにしましょう。
短所を長所に言い換えてもらって、どんな気持ちになりましたか？

 短所も、じつは長所なのかもしれないと思いました！

でも、それって、いろいろなことを考えることができるってことだよね

そうかな～

ADVICE！　・このように対象の枠組みを変えて別の感じ方をもたせることを「リフレーミング」と呼びます。ネットで検索すると、たくさん例が出てきますので、子どもの出してくる短所に対応できるようにしてから実施しましょう。

まだ知らないことを聞いてみよう！

37 質問ジャンケン

ねらい 友だちのことを深く知る

①ペアで質問をする

 今日は、友だちのことをもっとよく知るために、質問ジャンケンをしましょう。となりの人とジャンケンをします。勝った人は、負けた人に1つだけ質問ができます。
負けた人は、聞かれたことに答えましょう。質問は、好きな食べ物、特技、ゲームなど、何でも大丈夫です。分からないことや答えられないことは、「分かりません」「答えられません」でも大丈夫です。では、2分間、やってみましょう。

 ジャンケンポン！

ジャンケンポン！

②質問してみた結果をふりかえる

 あなたの特技は何ですか？

 え〜と、……階段を高速で上ることです。

 ええっ！　見てみたいな。

 （活動後）質問をしてみて、驚いたことはありますか？
（挙手・指名）それはビックリですね。仲よくなるためには、相手がうれしくなるような質問をすることが大切ですよ。
「あなたのことをもっと知りたい」という気持ちをもって質問してみましょうね。

 あなたの特技は何ですか？

 え〜と、……階段を高速で上ることです

ADVICE！　・となりの人との活動を終えたら、前後のペアにするなど、2人組を替えて行うのも効果的です。

38 友だちのいいところ、見つけよう！
きらりビー玉
ねらい 友だちの長所やがんばりに関心をもつ

❶友だちのいいところを思い出す

 今日1日をふりかえりましょう。友だちやクラス全体のために、いいことをしてくれていた人はいませんでしたか？ それを思い出して、発表しましょう。発表するときに、ビー玉をとって、ビンの中に入れていきます。

 （どんなことがあったかな～）

今日1日を
ふりかえりましょう

どんなことが
あったかな～

❷いいところを言いながらビー玉を入れる

 さっきBさんが、みんなの水筒を配ってくれていました。すてきな行動だなあと思いました。

 Bさん、とってもすばらしいですね。そして、それを見つけられているAくんもすごいです。明日から帰りの会で続けてやりますので、友だちのきらりと光るいいところを見つけてみてください。いつかビンがいっぱいになったら、みんなでお祝いをしましょう。

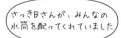

さっきBさんが、みんなの
水筒を配ってくれていました

ADVICE! ・帰りの会などでも続けて行います。1日に3～5人発表する程度がいいでしょう。ビンは、ペットボトルでも代用可能です。

相手のいいところを、動きで伝えよう！

39 いいところジェスチャー

ねらい 友だちと長所を認め合う

❶いいところをジャスチャーで伝える

 友だちのいいところを、見つけることができていますか？
今日は、友だちのいいところをジャスチャーで伝えるあそびをしましょう。

（あなたは、足がはやいね！）

（分かった〜！　足がはやいってこと？）

（そう！）

 あなたは、足がはやいね！

 足がはやいってこと？

❷役割を交替する

 2分間経ちました。役割を交替しましょう。

 （字がうまい……？）

 （ちがう、ちがう！）

 （あっ！　計算が早い、か！？）

字がうまい……？

 そこまでにしましょう。
お互いに、伝えたかったことを声に出して確認してみましょう。
（活動後）では、ペアを前後の人に替えて、もう一度やってみましょう。
（活動後）いいところを伝えてもらって、どう感じましたか？

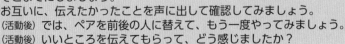 自分のいいところを見つけてもらえて、とてもうれしかったです。

 ADVICE！　・上手にやっているペアに前へ出てもらい、見本を見せてもらうようにすると
イメージがわきます。

40 いいところポスト

友だちの「いいところ」を見つけてポスティング！

ねらい 友だちの長所やがんばりに気付く

❶友だちのいいところをカードに書く

今からカードを配ります。友だちのいいところを見つけて書きましょう。見つけたら、いいところポストに入れておきます。ポストの中身は、帰りの会で紹介しますね。いいところを見つけた人は、カードに書いて、ポストに入れておきましょう。

いいところ、見つけたぞ！

友だちのいいところを見つけて書きましょう

見つけたぞ！

❷教師が帰りの会で発表する

では、今日のいいところを発表します。「Aさんが、みんなのためにノートを配ってくれていました。しかも、「どうぞ」と言いながら配っていたのが、やさしいなと思いました。Bより」。Aさん、気配り上手ですね。そして、それに気づいたBくんもすばらしい。
（6〜7人ほど紹介後）では、いいところを発表された人たちに、拍手を送りましょう！

「Aさんが、みんなのためにノートを配ってくれていました。」

ADVICE!
・カードを回収した時点で、ふさわしくないものは取り除いておきます。
・1週間かけて、全員が読み上げられるようにします。名簿にチェックを入れて、漏れがないようにしましょう。

100玉そろばんのススメ

　算数の教具としてオススメしたいのが、100玉そろばんです。100玉そろばんとは、100個のそろばん珠が縦列で配置されているものです。あそびながら数の概念が学べます。数字の理解が深まり、計算要素を理解する助けになります。教師用の大きなサイズのものが販売されているので、これを1教室に1つずつそろえたいものです。

　使用方法は、Chapter5の算数あそびのところに書いていますので、参考にしてください。

　どのあそびも、教師の練習が必要です。特に九九に関しては、両手で弾く動きがあり、かなり難しいです。スムーズにテンポよくできるように、練習してから子どもの前でやりましょう。

　私は、できるようになるまで放課後に何回も繰り返し練習しました。2つずつ、3つずつ、5つ一気になど、様々な玉の動かし方がありますので、これを指がなじむように覚えるのです。

　100玉そろばんの学習では、5の合成、10の合成、2とび、5とび、10とびなど、視覚的に数の感覚を学ぶことができます。2年生の段階では、このような「実物」と「抽象的な数字」を結びつけていくことが重要であり、100玉そろばんはその役割にぴったりなのです。

　そんな便利で学習効果の高い100玉そろばんですが、教師用は約4万円ほどしますので、なかなか高価です。学校の備品として購入できるように打診しましょう。

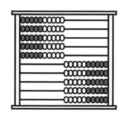

Chapter

3

音楽の授業が
楽しくなる
2年生あそび

2年生の音楽の授業は、
多くの場合、
学級担任が行います。
ちょっとしたあそびを交えることで、
いつもの音楽の授業を
楽しい時間に変えてみましょう。

力を抜いて発声しよう！

41 きらきらぼしバリエーション

ねらい おなかから声を出す

❶きらきらぼしを「ホッホッホ」で歌う

「きらきらぼし」を「ホッホッホ」で歌います。おなかに手を当てて、おなかがふくらんだり、へこんだりするのを感じながら声を出しましょう。
さん、はい！

ホッホッホッホッホー
ホッホッホー……

「きらきらぼし」を「ホッホッホ」で歌います

ホッホッホッホッホー……

❷きらきらぼしを「ルールー」で歌う

今度は、巻き舌で歌います。
体の力を抜いて、リラックスして歌いましょう。
巻き舌ができない人は「ルールー」と声を出します。
さん、はい！

ルールールールールー
ルールー……

今度は、巻き舌で歌います

ルールールールー……

ADVICE! ・どちらも、ノドの力みを抜くための発声練習です。歌う前に実施することで、脱力して声を出すことができるようになります。

繰り返しの音を声に出そう！

42 繰り返し発声

ねらい 繰り返しの音で発声練習する

❶「カタカタ」を早く言う

カタカタを、だんだん早く言います。カーターカーターカーター、はい！

 カーターカーターカーター！

カタカタカタ、はい！

 カタカタカタ！

カタカタカタカタカタカタカタ、
はい！

 カタカタカタカタカタカタカタ！

❷「アエアエ」を早く言う

今度は、アエアエアエです。できるだけ早くしていきます。
アーエーアーエーアーエー、はい！

 アーエーアーエーアーエー！

アエアエアエ、はい！

 アエアエアエ！

アエアエアエアエアエアエアエ、はい！

 アエアエアエアエアエアエアエ！

ADVICE!
・教師は手拍子で拍をとりながら声を出すようにします。そして、その手拍子
　のリズムを少しずつ早くしていきます。
・「ニャオニャオ」「ギャオギャオ」「ティトゥティトゥ」などの言葉でも実施し
　てみましょう。

発声あそび③

43 みなさん♪
つられずに最後まで歌えるかな？

ねらい 音程に合わせて声を出す

❶全員が返事をする

 今から、当てはまるものを言われたら、先生が弾くピアノと同じ音程で「はあい」と答えてください。「みなさん」と呼ばれた場合は、全員が返してくださいね。では、いきますよ。
(ピアノを3音弾きながら)
み〜な〜さん♪

 は〜あ〜い♪

み〜な〜さん♪
は〜あ〜い♪

❷当てはまる人が返事をする

 (ピアノを3音弾きながら)
朝ごはんを食べてきた人♪

 は〜あ〜い♪

 (ピアノを3音弾きながら)
バナナが好きな人♪

 は〜あ〜い♪

バナナが好きな人♪
は〜あ〜い♪

ADVICE!
- 音階は3音で、真ん中の音が1音下がるようにピアノを弾きます。
- 「レ・ド・レ」「レ♯・ド♯・レ♯」「ミ・レ・ミ」というように、半音ずつ上げたり下げたりするとスムーズです。
- ほかには、「靴下をはいている人」「赤い服を着ている人」「名前に『む』がある人」「野球が好きな人」「お絵かきが好きな人」「体育が好きな人」などもあります。

発声あそび④

いろいろな感情の声を出そう！

44 ドレミレド

ねらい 様々な発声の仕方をする

❶怒った声や笑った声で歌う

 先生の言う声の出し方で、歌ってみましょう。ドレミレド♪　怒った声で。

 ドレミレド♪

 笑った声で。

 ドレミレド♪

❷歌う声で歌う

 悲しい声で。

 ドレミレド……♪

 歌う声で。

 ドレミレド♪♪

 そうです。その声で、今日の歌を歌いましょう。

ADVICE !　・ほかにも、「激しい声で」「驚いた声で」「うれしい声で」「大きな声で」「叫ぶ声で」「小さな声で」「ヒソヒソ声で」など、様々なパターンで声を出すようにしてみましょう。

45 カ行言わずにカエルの歌

間違えずに歌いきれるかな？

ねらい 楽しみながら歌う

❶カ行を言わずにカエルの歌を歌う

 カエルの歌を歌います。ただし「カ行」を言ったらアウトです。
さん、はい！

「カ行」を言ったらアウトです

 …エ〜ル〜の〜う〜た〜が〜♪……えて…るよ〜♪

…エ〜ル〜の〜う〜た〜が〜♪

❷最後まで間違えないように歌う

 …ロ…ロ…ロ…ロ…ワッ…ワッ…ワッ♪

 あ〜、すごく難しい！

 最後まで間違えなかった人？

 は〜い！

 すごい！
では、今度は「ラ行」を言ったらダメですよ。

…ロ…ロ…ロ…ロ…ワッ…ワッ…ワッ♪

ADVICE！
・普段歌っている歌でも、「カ行」や「サ行」などを抜いてみると、盛り上がります。
・笑いが起こるので、緊張感があるときにほぐす効果もあります。

46 拍手クレッシェンド

手の動きをよ〜く見て！

ねらい 声の強弱を意識する

❶手拍子を大きくしたり、小さくしたりする

 先生が歌に合わせて拍手をします。拍手の動きが大きければ大きな声で歌います。小さければ、小さな声で歌います。手の動きの大きさに合わせて、声の大きさを変えましょう。（手の動きを大きくする）

 （大きな声で）
せかいのくにから〜♪♪♪

❷手拍子の大きさに合わせて声の大きさを変える

 （手の動きを小さくする）

 （小さな声で）
にほんのくにへ〜……♪

 （活動後）手拍子の動きをよく見て声を調節できていましたね。

ADVICE！　・伴奏なしで行うほうが、声の大きさを感じ取りやすいです。

指揮の動きに合わせて歌おう！
47 私は指揮者
ねらい 声の強弱に意識を向ける

❶ 教師の指揮の大きさに合わせて歌う

 先生が指揮をします。先生の指揮の大きさに
合わせて、声の大きさを変えてみましょう。

 大きな栗の〜木の下で〜♪

大きな栗の〜
木の下で〜♪

❷ 子どもが指揮者になる

 今度は１号車に１人、指揮者になってもらいます。
各号車で、指揮者になりたい人？
（挙手・指名）では、その人たちの動きをよく見て歌いましょう。

 大きな栗の〜木の下で〜♪

 （活動後）もう１回やってみましょう。
指揮者をやってみたい人？

大きな栗の〜
木の下で〜♪

ADVICE！　・教師が指揮をやる場合は、「指揮のはやさに合わせる」というアクティビティ
　　　　　　　にも展開させることができます。

歌唱あそび③

48 歌声タッチ
上手に歌える人をタッチしよう！

ねらい 自分の歌声に意識を向ける

❶上手な人を教師がタッチする

 上手に歌えている人を、先生がタッチします。タッチされたら立ちます。もう一度タッチされたら、横に揺れながら歌いましょう。

 いるかはざんぶらこ〜いるかはざんぶらこ〜♪

 （やった。タッチされた！）

❷次々にタッチする

 ピョンピョコピョンとびこせ〜♪

 （活動後）
はい、そこまでにしましょう。
全員立つことができましたね。

ADVICE！ ・必ず1人1回はタッチできるように見て回ります。

歌唱あそび④

上手な歌でオニごっこ！

49 歌のかわりオニ

ねらい 上手に歌えるように集中する

❶上手に歌えている人がオニになる

 歌のかわりオニをします。先生が、上手に歌えている人、3人をタッチします。タッチされた人がオニです。オニは歌いながら、ほかの上手に歌えている人の肩をタッチします。タッチしたら、その人は自分の席に戻ります。では、歌いましょう。
（見て回る）タッチ！

やった！
オニになれた

やった！　オニになれた。

❷タッチされたら、オニを交替する

 僕がオニだな。
……Ｄさんが上手だな。タッチ！

 う〜ん。……Ｅくん、口を大きく開いている。タッチ！

 オニになることができた人？
すごい！
いい声で歌えているのですね。

Ｄさんが上手だな。
タッチ！

ADVICE！　・「タッチされるとオニになる。タッチした人もそのままオニを続ける」というように「歌の増えオニ」にすることも可能です。その際には、「タッチされない人」が出ないように、教師もオニとして参加することが必要です。

歌唱あそび⑤

歌いながら、楽しく踊ろう！

50 歌って踊って

ねらい 歌いながら体を動かして音楽に親しむ

❶教師が歌いながら踊る

 先生が踊ります。みんなは先生のまねをしながら歌いましょう。
ビンゴビンゴ知ってるかい♪

 子犬の名前はビンゴ♪

ビンゴビンゴ知ってるかい♪

❷代表の子どもが踊る

 では、今度は代表で踊る人を決めます。
みんなの前で先生の代わりに踊ってくれる人？
（挙手・指名）では、Ａさんの動きをまねして踊りましょう。

 ビンゴビンゴ知ってるかい♪

 子犬の名前はビンゴ♪

子犬の名前はビンゴ♪

ADVICE！ ・「歩く」「サイドステップ」「ジャンプ」「両手をふる」「両手を腰に当てて腰
をふる」など、簡単な動きを多用します。

この音の音階、何だろう？

51 音当てゲーム

ねらい 音を聞いて音階を考える

❶音階の問題を出す

 先生がピアノを弾きながら「何ですか〜？」と尋ねますので、
何の音なのかを当ててくださいね。ピアノの音の高さで答えましょう。
（ピアノを1音鳴らす）何ですか〜？

 ド〜です♪

何ですか〜？

ド〜です♪

❷フェイントを加えながら問題を出す

 （ピアノを1音鳴らす）
何ですか〜？

 ミ〜です♪

 これは、ファ〜です。
（ピアノを1音鳴らす）何ですか〜？

 レ〜です♪

何ですか〜？

ミ〜です♪

これはファ〜です

ADVICE！ ・教師の「何ですか〜♪」は、音階の音に合わせた声で言います。

いくつの音か、聞き分けよう！

52 何音クイズ

ねらい 和音の響きに耳を傾ける

❶何音重なっているかを当てる

 いくつかの音が重なっています。何音なのか当てましょう。
（ピアノで複数の音を同時に鳴らす）何音ですか〜？

 2音です。

 その通り、2音です。
（ピアノで複数の音を同時に鳴らす）
何音ですか〜？

 3音です。

❷間違えないように最後まで答える

 （ピアノで複数の音を同時に鳴らす）
何音ですか〜？

 4音です。

 今のは、5音です。
（活動後）全問正解できた人？

 は〜い！

 すばらしい！

ADVICE！ ・和音を鳴らした後に、1音ずつ弾いて、改めて和音を鳴らすようにすると、
和音の感じが分かるようになっていきます。

音あそび③

和音の音が分かるかな？

53 3音当てっこ

ねらい 和音の階名を考える

❶3音が何なのかを考える

 今から、先生が和音を鳴らします。何の音なのかを当てることができるでしょうか？
起立。間違えたら座りましょう。
（ピアノで和音を鳴らす）
ジャ～ン♪

 ドミソ！

 今のは、ドミソです。

 やった～！

ジャ～ン♪

ドミソ！

今のは、ドミソです

❷次々に出題する

 （ピアノで和音を鳴らす）
ジャ～ン♪

 レファ……シ？

 今のは、レファラです。

 間違えちゃった～。

 （起立している人数が少なくなってきたところで）
では、今立っている人に拍手を送りましょう！

ジャ～ン♪

レファ……シ？

今のは、
レファラです

ADVICE！　・難易度の高いあそびです。いくつもの和音を聞かせて、「これはドミソ」「これはミソシ」など、紹介した上で取り組むようにしましょう。

54 音階起立

音とともに立ち上がろう！

ねらい 音の並びを聞き分ける

❶音階を聞き分けて起立・着席する

 ドレミファソ〜♪　この音は、起立の合図です。
ソファミレド〜♪　この音は、着席の合図です。
音に惑わされないようにしましょう。ドレミファソが聞こえたら立ちます。ソファミレドが聞こえたら座ります。
3秒以内に行動できなければアウトです。では、始めますよ！　ドレミファソ〜♪

ドレミファソ〜♪

立たないと！

立たないと！

❷間違えないように考えて行動する

 ソファミレド〜♪

 座ろう！

 ドレミレド〜♪

 あれっ？　これは……？

 これは、どちらでもありませんね。そのままです。ドレミファソ〜♪

 これは立つだぞ！

 正解です。

ソファミレド〜♪

座ろう！

ADVICE！ ・「ソファミファソ」などのフェイントをはさむようにします。
・音楽の授業の始めや終わりの挨拶の際に用いるとスムーズです。

音あそび⑤

オリジナルの歌詞を考えよう！
55 作詞家誕生！
ねらい 音階に合わせて簡単な歌詞を作る

❶グループごとに言葉を考える

 これからピアノで「ドレミファソラシド〜♪」を奏でます。これに、歌詞を付けてみてください。
例えば、「おなかがすいたな〜♪」「たいいく楽しみ〜♪」などです。
では、グループで考えてみましょう。

 「あなたのばんだよ〜♪」は、どう？

 「ニコニコ3組〜♪」は？

❷グループごとに発表する

 では、グループごとに発表してもらいましょう。1班からどうぞ。

 「どらやき食べたい〜♪」

 とってもおもしろいですね！
（全グループ発表する）

ADVICE!
- 「ドシラソファミレド〜♪」というように、下りの音階でもやってみるといいでしょう。
- 「先生が音を出します。それに歌詞を付けてください」というように、もっと短いメロディに歌詞をつけるあそびへとつなげることもできます。

56 歌に合わせてトントントン！
肩たたきリズム
ねらい リズムに合わせて動く

❶肩たたきでリズムをとる

「どんぐりころころ」でリズムよく肩をたたきます。
8回、4回、2回、1回ずつ右左の肩をたたきます。
繰り返していって、最後は、1回手拍子をします。
では、みんなでやりましょう。
どんぐりころころどんぶりこ〜♪　おいけにはまってさあたいへん♪

❷最後に手拍子をする

どじょうがでてきてこんにちは〜♪
ぼっちゃんいっしょにあそびましょう♪　パチン！

（手をたたく）
できた〜！

すばらしい！　もう1回やりましょう。
今度は、少し早いですよ！

ADVICE！　・「大きな栗の木の下で」「うさぎとかめ」「カントリーロード」でも可能です。

手拍子で、2拍子3拍子4拍子！

57 もちつき拍手

ねらい 拍子の違いを感じ取る

❶交互に拍手をする

2人で拍手します。1人は横向き、もう1人は縦向きに拍手します。パン、パン♪　これが2拍子です。今度は2回ずつたたきましょう。

❷音楽に合わせてたたく

では、音楽を流しますので、そのリズムを続けてみましょう。（音楽を流す）パンパン、パンパン♪

パンパン、パンパン♪

4回ずつ手をたたきましたね。これが、4拍子です。

ADVICE！　・2回と1回に分けると、3拍子をたたくこともできます。

58 学級パーカッション

みんなでリズムを合わせよう！

ねらい お互いの音を聞いて音を合わせる

❶みんなでパーカッションをする

 今日は、みんなでパーカッションをしましょう。
1号車は、8拍子。指先で机をたたきます。

 トントントントントントントントントントントン♪
1号車

 2号車は、4拍子。手拍子をします。

 パンパンパンパン♪
2号車

 トントントントン
トントントントン♪

 パンパン
パンパン♪

❷すべてを合わせて行う

 3号車は、2拍子。足ぶみをします。

 ダン、ダン♪
3号車

 4号車は、1拍子。肘で机をつきます。

 ゴン……♪
4号車

 自分のパートを練習してみましょう。
（活動後）では、みんなで一斉にやりましょう。きれいなパーカッションになるでしょうか？
いち、にの、さん、はい！
（活動後）そこまで。とってもリズミカルですね！

 ダン、ダン♪

 ゴン……♪

ADVICE！　・それぞれの号車の役割やたたき方（鉛筆同士をたたく、手のひらで机をたたく、膝をたたくなど）を変更すると、何度も楽しむことができます。

手拍子で言葉を表現しよう！
リズムの言葉
ねらい 言葉からリズムを考える

❶言葉を手拍子で表現する

ある言葉を手拍子で表現します。タンタタタン♪　何でしょう？
これは、「ホッチキス」を表しています。このように、手拍子で言葉を表現してみましょう。
となりの人とジャンケンをして、勝った人から交互に問題を出します。

❷問題を出し合う

タタタン♪

何だろう……？
分かった！　バナナ！

正解！

じゃあ、問題を出すよ。
タンタッタタン♪

パイナップル！

（活動後）そこまでにしましょう。
みんなに問題を出したい人はいますか？

ADVICE！ ・小学校名など、長い言葉もOKにします。教師から「これは難問ですよ」というように長い問題を紹介すると、チャレンジする子どもが増えます。

60 どんなリズムになるか考えよう！ 1、2、3、4！

ねらい リズム符の音を理解する

❶紙に合わせて手拍子をする

 1、2、3、4の紙があります。
今から、この通りに4拍子で手拍子をします。まずは練習しましょう。
さん、はい。

 タン、タン、タン、タン♪
タン、タン、タン、タン……♪

 今度は、1枚紙を抜きます。抜いた数字のところでは、手拍子をしてはなりません。では、2を抜きます。さん、はい。

 タン、…、タン、タン、タン、…、タン、タン……♪

❷間違えたら座る

 さあ、本番ですよ！ 全員起立。間違えたら座りましょう。今度は、3を抜きます。さん、はい。

 タン、タン、…、タン、タン、タン、…、タン……♪

 あっ、間違えちゃった〜。

ADVICE！
・2枚抜いたり、3枚抜いたりして、様々なバリエーションで実施します。
・「リズムを決めたい人？」と呼びかけて、抜く紙を子どもに考えさせるのもいいでしょう。

授業導入の演出を考える

　2年生の子どもたちを学習に引きつけるには、導入で工夫することが大切です。学んでみたい、やってみたいと感じさせられるならば、何をやってもいいのです。そう考えると、導入部分というのは、創造的であり、教師の腕が試されるところであるといえるのではないでしょうか。私は、体育科の表現運動で、次のような導入をしたことがあります。

　当時は「ようかいウォッチ」が流行っていた頃でした。ようかいウォッチというのはゲームで、その始まりは「主人公の男の子がガチャガチャを引いて、妖怪が登場する」というものでした。また、「逃走中」というテレビ番組では、「ミッション」をクリアすることが求められていました。この「ガチャガチャ」と「ミッション」を用いることにしたのです。

　あらかじめ体育館の端にゴムテープを張って、立ち入り禁止のエリアを設けておきます。その範囲の中には、ダンボールで作られたガチャガチャの箱があります。その横で体育授業を始めます。当然ながら、子どもはそのエリアのことが気になり始めます。

　「ねえ、先生……あれ、何かな?」「うん、何だろうね〜」

　そんなやりとりをしながら準備運動を進めるのです。それで、「ちょっと見てみようか」と中に入ってみて、ガチャガチャを回してみます。すると、中から手紙が出てきます。

　A小学校の2年2組の子どもたちへ。わたしはかいとうXじゃ。おぬしたちの大じなボチャ(クラスのマスコットキャラクター)をいただいた。きょうからまいかい、おぬしたちにミッションを出す。それをクリアできたら、1つメダルをやる。5つのメダルがあつまったら、ボチャはおぬしたちのところへかえしてやろう。このミッションはむずかしいぞ。にんじゃにならなきゃいけないぞ。にんじゃになって、ぶじボチャをたすけ出すことはできるかな?

　こうして、「表現運動」の単元を始めました。忍者になって様々な動きを表現するのです。子どもたちは、「次は、何のしゅぎょうなのかとっても楽しみです」「すぐに次のミッションがやりたいです」「体育のとき、ずっとやりたいです」と感想を述べていました。

　もちろん、これらの演出は体育という教科の本質的なものではありません。どちらかというと、余計なことともいえるかもしれません。でも、今の子どもたちの関心がどこにあって、何をすれば興味を抱かせることができるかという部分に思考を巡らせて、導入部分をつくっていくことは、授業を構成する上で大切なことだと私は考えています。

Chapter
4

国語の授業が
豊かになる
2年生あそび

2年生では、活動を通して
語彙の獲得をするのが望ましいでしょう。
あそびの取り組みで、日常生活に必要な
国語の知識や技能を
身につけさせていきましょう。

61 アイディア出しっこ

いろいろな考え、出し合おう！

ねらい 柔軟に考える雰囲気をつくる

❶友だちとアイディアを出し合う

 頭の中からアイディアをたくさん出す練習をしましょう。今から、あるものをテーマにします。それを使ってできることを、できるだけたくさん画用紙に書き出していってください。一番多いグループが優勝です。では、第1問のテーマは、割り箸です。たとえば、輪ゴムでっぽうにもなるし、椅子も作れるかもしれませんね。では、3分間で……始め！

 何に使えるかな？

❷ほかのグループの発表を聞く

 それでは、何個書くことができましたか？

 1班は17個です。

 3班は21個です。

 優勝は……3班です。
おもしろい意見は、ありましたか？

 はい。Aくんは、たくさん組み合わせれば橋になるって言っていました。

 確かに、できそうですね。ナイスアイディア！
では、第2問もやってみましょう。紙を裏にしてください。
（活動後）今日のように、授業中でもたくさんのアイディアを出せるようになれるといいですね。

ADVICE！
- 緊張感で創造的な意見が出なくなってしまったときに有効なアクティビティです。
- テーマは、「黒板消し」「ほうき」「ちりとり」「ものさし」「鉛筆」なども考えられます。現物を見せられるものがいいでしょう。

さしすせそを言わずに会話しよう!

62 さしすせそ禁止ゲーム

ねらい 対話の前のウォーミングアップをする

❶ 「さしすせそ」を禁止する

話し合いのウォーミングアップをしましょう。となりの人と嫌いな食べ物についての話をします。ただし、答える人は「さしすせそ」の言葉を言ってしまうと、アウトです。例えば、「おすし」と言いたいときには、「お米の上にマグロがのっている食べ物」というように表現してください。では、となりの人とジャンケンをして、負けた人が「嫌いな食べ物を教えてよ」と言って始めましょう。

嫌いな食べ物を教えてよ

う〜ん、たい焼きかな〜

❷ 「さ行」を言ったらアウトになる

 嫌いな食べ物を教えてよ。

 う〜ん、たい焼きかな〜。

 なぜ、たい焼きが嫌いなの?

 あんこがどうも苦手なんだ。あなたはどう?

 トマトが嫌い。すっぱいから。あっ!

 「す」を言ったね。アウト! もう1回やろう!

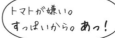 トマトが嫌い。すっぱいから。**あっ!**

 アウト!

ADVICE!
・なお、濁点が付くのはセーフとします。
・「かきくけこ」や「らりるれろ」など、ほかの行でやってみてもいいでしょう。

話し合うあそび③

どれだけ早く言えるかな？
63 早口言葉タイムアタック
ねらい 話し合いをする土壌をつくる

❶早口言葉を練習する

 早口言葉でタイムアタックをしましょう。何秒で言い切ることができるでしょうか。はじめの言葉は、「ぼうずがびょうぶにじょうずにぼうずのえをかいた」です。言い間違えてしまったら、アウトです。
まずは、練習してみましょう。

 ぼうずがびょうびゅに……あれ？

❷本番を行う

 では、みんなでタイムアタックに挑戦しましょう。
先生が前で秒数を指で出しますので、何秒で読めるか挑戦してみましょう。
用意、始め！　0、1、2……

 言えた！　2秒だ！

 私は1秒！

 ここからは、ストップウォッチで計ります。代表して挑戦したい人！

 は〜い！

ADVICE !
・長めの早口言葉が適しています。ほかには、「この子なかなかカタカナかけなかった」「にゃんこ　こにゃんこ　まごにゃんこ　ひまごにゃんこ」「となりのきゃくはよくかきくうきゃくだ」「となりのたけやぶにたけたてかけたのだれだ」「カエルぴょこぴょこみぴょこぴょこあわせてぴょこぴょこむぴょこぴょこ」などもあります。

話し合うあそび④

64 二者択一で話し合おう！
あなたはどっち？
ねらい 討論のウォーミングアップをする

❶どちらかを選択して話し合う

 もし2つのうち1つだけ選ぶとしたら、どちらにしますか？
そのわけも話し合いましょう。では、いきますよ。
第1問。毎日食べるなら、ラーメンか、うどんか？

 絶対にラーメンがいい。
だって、いろいろな味があるからです。

 うどんです。
毎日食べても、飽きないからです。

毎日食べるなら、ラーメンか、うどんか？

絶対にラーメンがいい。いろいろな味があるからです

うどんです

❷別のテーマで話し合う

 第2問。朝ごはんといえば、ごはんか、パンか？

 ごはんです。おかずと合うからです。

 パンです。ジャムをつけて食べると、
おいしいからです。

 (5問程度活動後) では、ここまでに
します。
間をあけずに話し合うことができ
ているペアがありました。
見本を見せてもらいましょう。

朝ごはんといえば、ごはんか、パンか？

パンです。ジャムをつけて食べると、おいしいからです

ADVICE! ・ほかには、「なるなら、社長か、副社長か？」「休みの日に行くなら、海か、山か？」「ししゃもを食べるなら、頭からか、尾からか？」「寝るときは、真っ暗か、豆電球か？」「年越しのときは、寝ているか、起きているか？」などがあります。

教科書を持って、外に集合！

65 青空音読会

ねらい 新鮮な気持ちで音読する

❶外で教科書を音読する

 （授業終了15分前）今日は、天気がいいので、残りの時間は外で音読会をします。教科書を持って、ジャングルジムの前に集合しましょう。

 やった～！

 （集合後）では、みんなで音読をしましょう。

 「青い海のどこかで……」

みんなで音読をしましょう
「青い海のどこかで……」

❷教科書の内容を動きで表現してみる

 （音読後）小さな魚は、みんなで大きな魚を追い出したんだね。どんな動きをしたのかな？

 やってみようよ！

 よし、やってみましょう！
赤い魚の役をやりたい人？
では、Bさんは、帽子をぬいでおいてください。みんなで魚になって動きましょう。

 わ～！

魚になって動きましょう
わ～！

ADVICE！
・外に出ると、いつもとは違う環境なので、イキイキとした声が出るものです。そういう声の出し方をほめて、自信につなげましょう。
・授業終了前に始めて、そのまま休み時間へとつなげます。

聞くあそび①

長すぎるけれど、覚えられるかな？

66 ロング文章伝言ゲーム

ねらい 聞き逃さないように集中して聞く

❶一番後ろの人が文章を読む

伝言ゲームをします。一番後ろの人に言葉を見せるので、それを前の人へ伝えてください。正しく伝わっている列が優勝です。それでは、一番後ろの人は文章を読みにきてください。（紙を見せる）席に戻ってください。では、後ろから前の人へ伝言を回していきます。2回まで言っていいことにします。では、始め！

「三好先生が運動場を走っていたら、ゴリラと出会ったので、一緒にリレーをすることになりました。」

え……なんて？

❷順番に伝言を回していく

（全列が終わってから）では、1列ずつ、先頭の人に発表してもらいましょう。

「三好先生がゴリラになったので、リレーをやりました。」

（全列答えてから）
正解は、「三好先生が運動場を走っていたら、ゴリラと出会ったので、一緒にリレーをすることになりました。」でした。3列目と4列目が、ほぼ正解です。拍手～！

ADVICE!　・どんどん長い文章にして、聞き取りの難易度を高めていきます。

聞くあそび②

67 それぞれが何を言ったか、分かるかな？
聖徳太子ゲーム

ねらい 複数の人の声を集中して聞く

❶ 3人が同時に単語を話す

聖徳太子という昔の偉い人は、同時に何人もの話を聞き取ることができたといいます。今日は、同時に聞き取るあそびをします。3人に前に出てきてもらいます。
手伝ってくれる人？　（挙手・指名）
今から、この3人が、好きなお菓子の名前を言います。それぞれが何と言ったのかを当ててください。さん、はい！

❷ 聞き取った言葉を発表する

では、聞き取ることができた人はいますか？

Aさんがチョコレート、Bくんがケーキ、Cさんがクッキーだと思います！

どうですか？

違います。

ああっ、惜しい！　もう1回言ってもらいましょう。さん、はい！
（活動後）今度は、聞き取れた人？

Cさんは、グミだと思います。

正解です。

すばらしい！　よく聞き取れましたね。拍手〜！
では、次の3人をやりたい人？

ADVICE！ ・人数を4人、5人と増やしていくと、難易度が高まります。

84

聞くあそび③

68 正しく聞いて、きちんと書こう！
聞き取り書き

ねらい 聞いたことを書きとめる

❶聞き取った文章を書く

 今から、習った漢字を使って、正しく文章を書くあそびをします。先生が今から言葉を言います。それを、正しくノートに書いてください。では、第1問！「わたしは犬といっしょに家へ帰った。」

 簡単だよ！

「わたしは犬といっしょに家へ帰った。」

簡単だよ！

❷となりの人と答え合わせをする

 正解は、こうです。となりの人とノート交換をして、正しく書けていれば、○をしてあげてください。

 あっ、「へ」が「え」になっているよ。

 本当だ……。

 では、第2問！
（5問活動後）全問正解できた人？

 は〜い！

 すばらしい！

あっ、「へ」が「え」になっているよ

本当だ……

ADVICE!
・漢字ワークなどに書かれている例文から出題するといいでしょう。
・「は」「を」「へ」などの言葉の間違いがないかにも注目させるようにします。

質問で1分間話し続けよう！

69 1分間グルメリポーター

ねらい 相手の発言を受けて話をつなぐ

❶グルメリポーターになりきる

みなさんは、グルメリポーターを知っていますか？　おいしそうなものを食べて、どんな味がするのかを言葉で表現する人です。今日は、グルメリポーターになりましょう。
となりの人とジャンケンをして、勝った人がグルメリポーター、負けた人は質問する人です。質問する人は、昨日の晩ご飯について質問しましょう。いいインタビューというのは、とぎれることなく続いていくものです。1分間、ずっと話し続けられたら、そのペアは合格です。

❷1分間話し続ける

昨日の晩ごはんは、何を食べましたか？

オムライスです。

おいしかったですか？

まるで、口の中でとろけるように甘かったです。

はい、そこまで。
1分間話し続けられた人？
（挙手）すばらしい！

ADVICE!　・質問する人が、「～というと？」「例えば？」「詳しく教えてくれますか？」「具体的には？」「ほかには？」などのオープンクエスチョンを用いることができるように促します。

質問で動物が何かを当てよう！

70 背中の動物、なあに？

ねらい 友だちに尋ねたり応答したりする

❶背中に動物のカードを貼りつける

みなさんに動物のカードを配ります。それを、となりの友だちの背中に貼ってあげてください。本人に、見えないように気を付けてくださいね。
（活動後）では、教室を歩き回って、その動物に関する質問を友だちにしてください。質問は、１人に対して１つだけです。聞かれた人は、「はい」か「いいえ」か「分かりません」で答えてください。分かった人は、先生のところに答えを言いにきましょう。

これは、歩く動物ですか？

いいえ

❷質問で、何の動物のカードかを当てる

 これは、歩く動物ですか？

 いいえ。

 これは、泳ぐ動物ですか？

 はい。

 分かった。先生、イルカです。

 正解！　では、次のカードを背中に貼りますね。

先生、イルカです

正解！では、次のカードを背中に貼りますね

ADVICE!　・動物のカードは、クラスの人数＋10枚程度をカラーコピーして用意しておきましょう。

71 パーフェクト鏡文字

さかさまに書いたら、どうなるの？

ねらい 文字の形に注意する

❶鏡文字を書く

先生が、黒板に文字を書きます。みなさんは、その文字を鏡文字で書いてください。
鏡文字というのは、文字を鏡で映したときのように、さかさまになった字のことをいいます。例えば、「う」だとこうなりますね。（実際にやってみせる）
では、みなさんも書いてみましょう。
（紙を配る）はじめの言葉は、「さ」です。どうぞ。

こうかな……。

こうかな……

❷答え合わせをする

では、答え合わせをしましょう。
紙を裏返して、光に当て、すかしてみましょう。

わ〜、合ってる！

間違えちゃった〜。

では、だんだん難しくなりますよ。
今度は、「あ」です。（10文字程度活動後）
全部正解できた人？（挙手）
1問だけ間違ってしまった人？（挙手）
よくがんばりました！

わ〜、
合ってる！

間違えちゃった〜

ADVICE！　・子どもに問題を考えてもらうのもいいでしょう。
　　　　　　　・漢字でやると、さらに難易度が高まります。

書くあそび②

72 説得力のある文章を書こう！
たしかに、しかし、なぜなら

ねらい 文と文の続き方に注意する

❶3つの言葉を教える

 今日は、上手な文章の書き方の練習をしましょう。
自分の意見を分かりやすくします。ほかの人の意見に対して、「たしかに、こんな良さがある」と認めながら、「しかし」でほかの意見を出して、「なぜなら」で理由をつけるのです。テーマは、「川とプール、行くならどちらがいいか？」です。

> もう一方の良さも考えるといいのか……

 川か… プールか…

❷どちらが好きかを書く

 もう一方の良さも考えるといいのか……。

 発表できる人はいますか？
（挙手）では、Aさん。

 はい。「私は、プールより川のほうがいいと思います。たしかに、流されてしまうことがないので、プールのほうが安全です。しかし、川にはプールではできないことがたくさんあります。なぜなら、バーベキューをすることができるのです。」

> 「……たしかに、流されてしまうことがないので、プールのほうが安全です。しかし、……

 すばらしい！　拍手〜！

ADVICE！　・ほかには、「おやつにするなら、たけのこの里か、きのこの山か？」「朝食べるなら、ごはんか、パンか？」「見るなら、テレビか、YouTubeか？」などがあります。2項対立のテーマで書く練習を重ねましょう。

73 言葉指定作文

指定された言葉を入れて、作文を書こう！

ねらい 身近な語句を文章の中で使って語彙を豊かにする

❶作文を書く

 今日は、作文を書きます。ただし、次の言葉を入れてください。「つくえ」「らくがき」「おじいさん」です。どんな話でも大丈夫です。

 どうやって書こうかな～？

つくえ
らくがき
おじいさん

どうやって書こうかな～？

❷書いた作文を読み合う

 では、書いた作文をグループで発表し合いましょう。

 「昔々、あるところにおじいさんがいました。つくえに向かってらくがきをしていると……」

 何、その話～！

「昔々、あるところにおじいさんがいました。つくえに向かってらくがきをしていると……」

何、その話～！

ADVICE !　・キーワードは、子どもから募集してもいいでしょう。
　　　　　　　・あくまでも、「書くことを楽しむ」あそびです。子どもが創作しやすいように、教師がいくつも例を挙げてみるといいでしょう。

書くあそび④

絵と文章でより伝わりやすくしよう！

イラスト作文

ねらい 経験したことや見聞きしたことを書く

❶イラストと作文を書く

夏休みは、どんなことがありましたか。夏休みの思い出について、作文を書きましょう。原稿用紙と画用紙を配ります。画用紙には、そのときの絵を描いてみましょう。

どの思い出を書こうかな〜。

❷友だちと交流する

画用紙の裏に、原稿用紙を貼ります。教室を歩き回って、いろいろな友だちと交流し合ってみましょう。

私は、おばあちゃんの家に行きました。花火をして、スイカを食べました。

いいな〜、楽しそう！

ADVICE！
・書くのが早い子どもと遅い子どもの差が生じることがあります。早い子どもには、2つ目を書かせるようにするといいでしょう。そのためにも、用紙は余分に用意しておきます。

書くあそび⑤

75 たぬき

「た」「ぬ」「き」で始まる言葉は、何？

ねらい 身近なことを表す語句を知る

❶決められた文字で始まる言葉を考える

ノートに、4×4のマス目を書きましょう。
では、左に、上から「家」「学校」「京都市（学校のある地名）」と書きます。
右の上1列には、「た」「ぬ」「き」と書きます。空いているマス目に、その文字で始まる言葉を書き入れます。
例えば、家の「た」であれば、「た」から始まる家の中にあるものを書くのです。たとえば、「タワシ」などが当てはまりますね。では、考えてみましょう。全部埋められたらすごいですね。

タンスかな……

家にあるもので「た」は、
タンスかな……。

❷書いた言葉を発表する

では、発表しましょう。学校の「ぬ」は、何がありますか？

「ぬの」があります！

確かに、布がありますね。
（以下、順に発表）

学校の「ぬ」は、
何かありますか？

「ぬの」が
あります！

ADVICE!　・3文字の言葉であれば、「たぬき」以外でも可能です。子どもに考えさせるのもいいでしょう。

92

言葉あそび①

76 あいうえお言葉
文字から始まる言葉を言おう！

ねらい 身近なことを表す語句の量を増やす

❶指定された言葉を言う

 「あいうえお言葉」というあそびをしましょう。言われた文字で始まる言葉を言います。例えば、「も」と言われたら、「もも！」と言うような感じです。グループで、オニ1人が文字を言って、ほかの人が答えます。5秒以内に言えなかったり、先に誰かが言ったのと同じことを言ったりするとアウトになり、その人がオニになります。同じ言葉は認められません。では、ジャンケンをして、負けた人が最初のオニです。

「の」。　のりまき！

のはら！　のれん！

❷間違えたら交替する

「め」。　めだか！

メロン！　め……あ～、分からないや。

アウト！　交替だね。

はい、そこまでにしましょう。意外と言葉が出てこないことがありますよね。全部答えることができた人？　(挙手)
すごい！　言葉をたくさん知っているのですね。

ADVICE！ ・複数の子どもが言葉を言えなかった場合は、その子ども同士でジャンケンをしてオニを決めます。

しりとり、どんどんつなげよう！

77 しりとりつなぎ

ねらい 日常生活に必要な言葉を使う

❶しりとりをつなげていく

「しりとりつなぎ」というあそびをします。みなさんは、しりとりを知っていますか？ふつう、しりとりは１つずつ言葉を言いますが、このしりとりでは、次の人はそれまでに出てきた言葉を全部言ってつなげてください。例えば、「りんご」「ごま」、「りんご」「ごま」「マント」、「りんご」「ごま」「マント」「トマト」……というようにです。言えなくなったら、その人からまた始めてください。はじめの言葉は、「り」です。ジャンケンで負けた人から時計回りに始めましょう。

「りす」

「りす」「するめ」

❷前の人の言葉に加えていく

「りす」。

「りす」「するめ」。

「りす」「するめ」「めだか」。

「りす」「するめ」……えーっと……分からなくなっちゃった〜。

アウト！　じゃ〜、もう１回やろうよ！

（活動後）はい、そこまでにしましょう。一度も間違えなかった人はいますか？

は〜い！

すばらしい！

「りす」「するめ」「めだか」

「りす」「するめ」……えーっと……分からなくなっちゃった〜

ADVICE!　・「何人続けて言うことができるか」というように、制限時間を設けてグループ対抗戦にするのもいいでしょう。

78 いきなり漢字読みテスト

漢字の読み方、いきなりテスト！

ねらい 漢字の読み方を確認する

❶読み方の問題を出す

 （国語の授業で突然始める）漢字の読み方について問題を出します。
84 ページの 2 行目で、はじめに出てくる漢字は、なんて読む？（挙手・指名）

 はい。「首」です！

 正解！
さすが、準備がはやいですね！

 わ〜、はやく教科書を
出さなくちゃ。

❷難問も続けて出題する

 では、第 2 問。45 ページの 3 行目で、
はじめに出てくる漢字は、なんて読む？

 はい。「金」です！

 正解です！（全員準備できたところで）
では、最後の問題です。
95 ページの 1 行目に出てくる漢字
は、なんて読む？
全員で言いましょう。さん、はい！

 「田」！

 正解です！　今日は、そこから読み始めましょう。

ADVICE！
・テンポよく、5〜6問ほど続けて出題しましょう。
・教科書を出していない子どもが焦るように、答えられた子どもを思いっきり
ほめるようにしましょう。

79 漢字書きとりジャンケン

筆順を間違えないように気をつけて！

ねらい 筆順に従って漢字を書く

❶教師にジャンケンで勝ったら1画を書き足す

 先生とジャンケンをします。先生に勝ったら、1画ずつ書き足していきます。書き終わっても、同じ漢字で続けてください。今日は、「右」の漢字を書きます。ジャンケンポン！

 やった、勝てた！　1画目！

ジャンケンポン！

勝てた！
1画目！

❷いくつ書けたかを発表する

 1画目なので、斜めの線を書いていますよね?!

 あっ、間違えた！

 ジャンケンポン！

 2画目が、横線だね！

 （15回程度活動後）1つでも漢字を書くことができた人？

 は～い！

 私は2つ書けました！

 すばらしい！

斜めの線を
書いていますよね?!

あっ、
間違えた！

 ・筆順を間違いやすい漢字を取り上げるようにします。ときどき筆順を確認することで、漢字を正しく覚えることができるようにします。

いろいろな場所で、漢字を書こう！

80 いろいろな書き方

ねらい 楽しみながら筆順を確認する

❶ 漢字のなぞり書きをする

 先生が空中に漢字を書きます。
「才」という字です。
みなさんも、指を出して一緒に書きましょう。さん、はい。
（活動後）今度は手のひらで書きます。大きく動かして、さん、はい。

 いち、にーい、さん。

手のひらで書きます。さん、はい

いち、にーい、さん

❷ いろいろな場所で書く

 今度は頭で書きます。さん、はい。いち、にーい、さん。
目玉で書きます。さん、はい。いち、にーい、さん。
お尻で書きます。さん、はい。いち、にーい、さん。

 あはは、書けたよ〜！

 よくできました！

頭で書きます

お尻で書きます

目玉で書きます

ADVICE！ ・「目を閉じて書く」「鼻で書く」「アゴで書く」など、様々な動きを指定します。

指導や授業づくりに有効なパペット

　2年生の子どもたちは、自分のことを考えがちであり、注意散漫になりやすいです。教師の話をうまく聞けない子どももいます。また、注意を伝えているのに、自分ごととして考えられない子どももいます。

　子どもに注意しなければならないけれども、うまく指導できない。

　そんな場合に、大きな効果を発揮する道具があります。それが、パペットです。パペットというのは、胴の中に手に入れて動かして楽しむ人形のことです。

　例えば、子どもたちに注意を促したいときは、教師とパペットで、次のように話をするようにします。

教　　師	「授業中、当ててほしいときは、どうすればいいか、分かるかな?」
パペット	「はいはい、分かるよ!　何回も、はいはいはいはいと言えばいいんだよ! はいはいはいはい!」
教　　師	「モーちゃんは、こう言っているんだけど、みんなはどう思う?」
子ども 1	「モーちゃん、それはダメだよ!」
子ども 2	「当ててほしかったら、まっすぐに手をのばして待つといいんだよ!」
教　　師	「だって。モーちゃん、気を付けてね!」
パペット	「は〜い!」

　このようにして、会話形式でやりとりを行い、見せていくのです。

　子どもたちに「こうしなさい」と直接指導することなく、伝えたいことをパペットを通して伝えることができるので便利です。また、授業の導入でひきつけたり、算数科では「よくある間違い例」を示す際にも用いることができます。

　パペットは、100円ショップなどでも販売されていますし、雑貨屋さんで見つけるのもいいでしょう。私が担任をしていたときは、ディズニー映画「アナと雪の女王」が流行していた頃だったので、「アナ」と「エルサ」という登場人物の人形を使っていました。もちろん、流行のものでなくても大丈夫。見たことのないような人形でも、子どもたちと一緒に名前を付けるなどすれば、自然と子どもたちは愛着をもってパペットと接してくれます。

　教室に1〜2つ程度、パペットを用意してみてはどうでしょうか。

Chapter

5

算数の授業に
夢中になる
2年生あそび

九九や加法・減法など、
2年生では算数科の学習内容が
グッと難しくなります。
あそびを通して、
数の概念への理解を
深めさせていきましょう。

81　1から10までかぞえよう！
数かぞえ

ねらい 数のかぞえ方を確認する

❶フラッシュカードの数をかぞえる

 先生が「数唱」と言ったら、0から10まで上っていくようにかぞえます。
出てきた数を答えましょう。数唱！

 数唱！
0、1、2、3、4、5、
6、7、8、9、10！

❷10から1ずつ小さくなるようにかぞえる

 先生が「逆唱」と言ったら、今度は逆に、10から0まで1ずつ下がって
いくようにかぞえます。出てきた数を答えましょう。逆唱！

 逆唱！
10、9、8、7、6、
5、4、3、2、1、0！

ADVICE！ ・慣れたら、説明を抜きにして、「数唱！　0、1、2、3……10！　逆唱！
10、9、8……0！」というように続けて行います。

82 1つ足したら、何になる?
1足した数・1引いた数
ねらい 簡単な加法と減法を計算する

❶ 1足した数を答える

フラッシュカードの数字に、1足した数を答えましょう。
（フラッシュカードの順番を入れ替える）1足した数!

1足した数!
（1）2!
（4）5!
（7）8! ……

1足した数!

1足した数!

5!

❷ 1引いた数を答える

（0〜10までの11問活動後）今度は、1引いた数を答えましょう。
（0のカードを除いてから、フラッシュカードの順番を入れ替える）1引いた数!

1引いた数!
（10）9!
（5）4!
（3）2!

（10〜1までの10問活動後）
すばらしい!

1引いた数!

1引いた数!

2!

ADVICE!　・引いた数の際には、0のカードをあらかじめ抜いておきます。
　　　　　　・2足した数、2引いた数など、数字を大きくしていきましょう。

83 5や10にするには、あといくつ?

合わせて5になる数・10になる数

ねらい 5のまとまり、10のまとまりをつくる

❶合わせて5になる数を唱える

(フラッシュカードを0〜5のみにする)
フラッシュカードに、ある数字が書かれています。合わせて5になる数を言いましょう。合わせて5になる数!

合わせて5になる数!
(1) 4!
(3) 2!
(5) 0!

合わせて5になる数!

合わせて5になる数!

3

2!

❷合わせて10になる数を唱える

(フラッシュカードを0〜10に戻す)
今度は、合わせて10になる数を答えましょう。
合わせて10になる数!

合わせて10になる数!
(9) 1!
(4) 6!
(2) 8!

(11問活動後) すばらしい!

合わせて10になる数!

合わせて10になる数!

2

8!

ADVICE!　・「5の合成」「10の合成」の学習です。繰り上がりや繰り下がりの学習に必要な計算なので、繰り返し行いましょう。

84 かけ算九九

すばやく九九の答えを言おう！

ねらい 九九の答えを確認する

❶九九を唱える

 先生のあとに続いて、九九を唱えましょう。かけ算九九！

 かけ算九九！

 4 の段！　 4 の段

 しいちが　 4 ！

 しにが　 8 ！

 しさん　 12 ！

 しし　16 ！

（最後まで行う）

4の段！

4の段！

しいちが

4！

❷いろいろなパターンで九九を唱える

 今度は下り九九です。

 しく　 36 ！

 しは　 32 ！

 ししち　28 ！

（最後まで行う）

 （活動後）カードを混ぜます。ランダムでやりましょう。

今度は下り九九です

しく

4×9

36！

ADVICE！ ・はじめはすべての段をまんべんなく実施して、慣れてきたら子どもたちが苦手な段を中心に実施するようにしましょう。

85 九九フラッシュスピード勝負

どちらが早く言えるかな？

ねらい 九九の答えをすばやく思い出す

❶出された九九の答えを言う

どっちが早く答えられるか勝負します。廊下側チーム VS 窓側チームです。
（九九カードを混ぜる）はい！ （例：6×3のカードを引いて見せる）

廊下側 ◀ 18 ！

廊下側の勝ち！

❷相手チームよりも早く言う

はい！
（例：6×4のカードを引いて見せる）

窓側 ◀ 24 ！

窓側の勝ち！
（活動後）早かったのは、
窓側チームでした！

ADVICE！
・数字カードを使用すれば、1足した数、1引いた数、合わせて5になる数、合わせて10になる数でも実施できます。
・勝ち負けにこだわりすぎるとケンカの元になりかねないので、結果はサラリと伝えましょう。

86 百玉そろばんでかぞえよう！
数唱① 1、2とび編

ねらい 数の概念の理解を深める

❶ 10まで数をかぞえる

 百玉そろばん！

 百玉そろばん！

 数唱！

 数唱！　1、2、3、4、5、6、7、8、9、10！

 逆唱！

 逆唱！　9、8、7、6、5、4、3、2、1、0！

 数唱！

数唱！
1、2、3、4、5、
6、7、8、9、10！

❷ 2とびでかぞえる

 2とび！

 2とび！
2、4、6、8、10、
12、14、16、18、20！

2とび！

2とび！
2、4、6、8、10、
12、14、16、18、20！

ADVICE！
・1つずつかぞえる際は、親指だけで弾くようにします。
・2とびは、親指・人差し指・中指の3つの指で挟み込み、投げるようにして弾きます。

5とび・10とびで、リズムよくかぞえよう！

87 数唱② 5、10とび編

ねらい 5や10の数ごとのまとまりに着目する

❶5とびでかぞえる

> 5とび！

> 5とび！
> 5、10、15、20、25、
> 30、35、40、45、50！

❷10とびでかぞえる

> 10とび！

> 10とび！
> 10、20、30、40、50、
> 60、70、80、90、100！

ADVICE！　・親指で押しのけるようにしてリズムよくかぞえていきます。

百玉そろばんあそび③

88 5の合成・10の合成

合わせて5と10になる数、唱えよう！

ねらい 5や10の数の構成に気付く

❶ 5の合成を唱える

 5の階段！

 5の階段！
1、2、3、4、5！
（上から1段ずつ分ける）

 5の合成！

 5の合成！
1と4で5、2と3で5、
3と2で5、4と1で5、
5と0で5。

 5の合成！

5の合成！
1と4で5、2と3で5、
3と2で5、4と1で5、
5と0で5

❷ 10の合成になる数を唱える

 10の階段！

 10の階段！
1、2、3、4、5、6、7、8、
9、10！
（5から1段ずつ分ける）

 10の合成！

 10の合成！
1と9で10、2と8で10、
3と7で10、4と6で10、
5と5で10、6と4で10、
7と3で10、8と2で10、
9と1で10、10と0で10。

 10の合成！

10の合成！
1と9で10、2と8で10、
3と7で10、4と6で10、
……

ADVICE!　・読み上げながら左手と右手で合体させていきます。

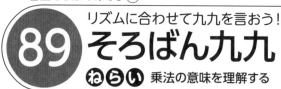

百玉そろばんあそび④

89 リズムに合わせて九九を言おう！
そろばん九九

ねらい 乗法の意味を理解する

❶かけ算すると、いくらになるかをかぞえる

（あらかじめ分けた状態にしておく）かけ算九九！

かけ算九九！

2 の段！　　2 の段！

ににんが　　4！

にさんが　　6！

にしが　　8！

（中略）

にく　　18！

にんが

4！

❷次の段をかぞえる

6の段！　　6の段！

ろくいちが　　6！

ろくに　　12！

ろくさん　　18！

（中略）

ろっく　　54！

ろくに

12！

ADVICE!　・1回につき、3つ程度の段を実施するのが目安です。
　　　　　　・手の動きは、それぞれの数ずつ送り出していきます。2段同時に送り出す必
　　　　　　　要があるときは、両手で一緒に弾くようにします。

108

百玉そろばんあそび⑤

90 いくつ上がった？

玉の数をかぞえよう！

ねらい 簡単な数かぞえや加法をする

❶玉の数を答える

 （100玉そろばんを横向きにして）先生が玉を持ち上げるので、いくつ上がっているか答えましょう。いくつ上～がった？（4つ持ち上げる）

 4！

（3つ持ち上げる）

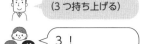 3！

いくつ上～がった？

4！

❷複数の箇所を持ち上げる

 今度は、いくつかを持ち上げますよ。いくつ上～がった？（2つと4つを持ち上げる）

 6！

（3つと7つを持ち上げる）

 10！

いくつ上～がった？

6！

ADVICE！ ・できるだけ上のほうまで弾き上げるようにします。玉はゆっくりと下りていくので、その間に子どもたちが答えるようにします。

ぴったり7か11を目指そう！

91 セブンイレブン・ジャンケン

ねらい 友だちと加法を楽しむ

❶両手の指の数を合わせる

今日は、セブンイレブン・ジャンケンをします。
「セブンイレブン・ジャンケンポン！」のリズムで、両手の指を何本か立てて出します。
2人の出した指の数を全部合わせて7か11になればOKです。
教室を歩き回って、いろいろな人とやってみましょう。
2分間で何回合わせられるでしょうか？

セブンイレブン・ジャンケンポン！

6か〜。
惜しいね！

❷合計で7か11になるようにする

 セブンイレブン・ジャンケンポン！

 6か〜。惜しいね！

 セブンイレブン・ジャンケンポン！

 やった〜！　ぴったり7だ！

（活動後）はい、そこまでにします。
席につきましょう。
何回達成できましたか？
1回できた人？　2回できた人？
3回できた人？（挙手）
すごい！　拍手〜！

セブンイレブン・ジャンケンポン！

ぴったり7だ！

ADVICE!　・足し算の単元の授業前にやると、ちょうどいいウォーミングアップになります。

計算あそび②

リズムで答えを伝えよう！

92 パンパンドンドン

ねらい 九九の答えをみんなで表現する

❶九九の答えを考える

九九をします。先生が九九を言いますので、「十の位」では手拍子をして、「一の位」では机をたたきます。例えば、「2×6」だと、12なので、パン（手拍子）が1回で、ドン（机をたたく）が2回ですね。したがって、「パン」「ドンドン」ということになります。
では、やってみましょう。「3×8（さんぱ）」！

パンパンドンドンドンドンドン！

「3×8（さんぱ）」

パンパン！

ドンドンドンドン！

❷手拍子で答えを表現する

「4×7（ししち）」！

パンパン
ドンドンドンドン
ドンドンドンドン！

すばらしい！　だんだん早くしますよ。

「4×7（ししち）」

パンパン！

ドンドンドンドン
ドンドンドンドン！

ADVICE！ ・音の出し方を変えてみるのもいいでしょう。例えば、「太ももをたたく」「足を踏みならす」「グーで机をたたく」など、動きを指定します。

計算あそび③

93 10の合成を考えよう！
10までいくつ
ねらい 10のまとまりについて考える

❶ 10までいくつ足せばいいかを考える

「10までいくつ」というあそびをします。先生が「パンパンパン」という手拍子の後に数字を言います。その後、「パンパンパン」と手拍子をしてから10までいくつ足せばいいのか、数字を答えましょう。
10までいくつ。パンパンパン、3！

パンパンパン、7！

パンパンパン、2！

パンパンパン、8！

❷ 手拍子のリズムに合わせて答えを言う

だんだん早くなりますよ。
10までいくつ。パンパンパン、6！

パンパンパン、4！

（活動後）
最後まで間違わなかった人？

は～い！

すばらしい！

・合成の学習として、「5までいくつ」も行うようにしましょう。
・「20までいくつ」「30までいくつ」など、元になる数字を変えると難しくなります。ゆっくりとしたテンポから始めるようにしましょう。

時計を使ってジャンケンポン！

94 時計ジャンケン

ねらい 時刻の言い方を確認する

❶ 30 分ずつ針を進める

となりの人とジャンケンをして、勝ったら、30 分時計の針を進めます。
12 時から始めて、先に再び 12 時にすることができた人が勝ちです。

 ＜ ジャンケンポン！

 ＜ やった～！　勝った！
針を進めよう！

ジャンケンポン！

勝った！
針を進めよう！

❷ 12 時にたどり着いたほうが勝ちになる

  ＜ ジャンケンポン！

 ＜ 12 時までたどり着いたぞ！
わ～い！

 勝負がついたペアは、
もう一度最初から勝負を
始めましょう。

ジャンケンポン！

12 時まで
たどり着いたぞ！

ADVICE!　・「15 分ずつ」「60 分ずつ」というように、進める時間の長さを変えてもいい
でしょう。なお、短い時間で進む設定の場合には、「3 分間で、より時間を
進めることのできたほうが勝ち」というようなルールにして楽しむことがで
きます。

自分のペースで足し算しよう！

95 トランプ計算

ねらい すばやく加法ができるようになる

❶トランプで足し算をする

トランプを1人に1セット配ります。今日は、これで足し算の学習をします。足した数の合計を言いながら足していきましょう。1～13まで足して、最後に合計が91になればOKです。2分間時間をとりますので、何回91をつくることができるか、挑戦してみましょう。では、始め！

1、4、8……

1、4、8……

❷ぴったり91にする

80、91！　ちょうどだった。
よし、もう1回やろう！

はい、そこまでにしましょう。
1回達成できた人？（挙手）

は～い！

正しく計算できていますね。
2回できた人もいますか？
（挙手）すばらしい！

80、91！
ちょうどだった

ADVICE！　　・91から順に引いていき、ぴったり0にする引き算の学習方法もあります。
　　　　　　　・トランプは、100円ショップなどで2つセットなどで売られています。できれば1人に1セット用意したいところです。

96 魔方陣

どこから足しても同じ数になるようにしよう！

ねらい 加法のやり方を考える

❶四角形のマスに入る数字を考える

 四角形の3×3のマスを紙に書きましょう。
このマスの中に、1～9の数字を入れます。
縦に足しても、横に足しても、斜めに足しても15になるようにします。
できたら、先生のところに持ってきましょう。

 どうやればいいのかな……。

❷足して15になるようにする

 できた！

 惜しいですね。斜めにも足さないといけないですよ。

 う～ん、そうか……。

 できました！

 正解！　すばらしい！

ADVICE!

・分からない子どもが多い場合は、ヒントとして「真ん中の数から考えてみるといいですね」と声かけするといいでしょう。

・早くできた子どもには、「ほかのやり方もあるよ。2種類目を見つけてみよう」と声をかけましょう。

97 星の三角形

星の中に三角形はいくつある?

ねらい 形の中の三角形を捉える

①星の形を描く

ノートに星の形を書きましょう。さて、問題です。
この星の中に、三角形はいくつあるでしょうか? 考えてみましょう。
分かった人は、ノートに答えを書いて先生のところに持ってきましょう。

三角形はいくつあるでしょうか?

分かった!

②中にある三角形の数をかぞえる

分かった! どうですか?

5つではありませんね〜。

ええっ!?

分かりました! 10です。

正解!
(活動後) では、正解を黒板で説明できる人はいますか?

分かりました!

正解!

ADVICE! ・正解できた子どもには、「まわりの友だちにヒントを教えてあげましょう」と伝えるようにします。

考えるあそび③

98 九九の答えでビンゴゲーム！
九九ビンゴ
ねらい 乗法の簡単な性質に気付く

❶ ビンゴのマス目に九九の答えを書く

 ビンゴカードを配ります。マス目の中に、九九の答えの数字を書き込みましょう。
（活動後）では、先生がこれから、九九の式を言います。
答えがあれば、その数字に丸をします。
ビンゴすることができるでしょうか？

9×9！

81か。

81か。 あった！ やった～！

25	18	9
28	81	8
45	4	10

 9×9！

 81 か。 あった！　やった～！

❷ 読み上げられた九九の答えに丸をする

 6×5！

 あ～、惜しい……。

 （活動後）
ビンゴできた人はいますか？

 は～い！

 すごい！
では、もう 1 回やりましょう。

 呼ばれやすい数字がありそうだな～。

ビンゴできた人？

は～い！

呼ばれやすい数字がありそうだな～

ADVICE！
・ビンゴカードではなく、ノートに3×3の枠を書いて行うことも可能です。
・より正解に近づくためには、「12」や「24」など、九九の答えとして数が多いものを選ぶと有利になることに気付かせるようにします。

九九の十字の数字は何？
99 九九十字
ねらい 九九表の性質に気付く

❶九九の十字の空欄の数字を考える

 九九十字があります。九九表の一部を切り抜いています。さて、空欄に当てはまる数字は何でしょうか？
（黒板に書く）

 はい！　20 と 24 です！

 正解です！　今から、みんなで同じように九九の問題をつくってみましょう。
何か所かの数字を書かずに、空欄にしておきます。

❷問題をつくって解き合う

 では、となりの人と問題を出し合ってみましょう。

 難しい問題ができたぞ！

 どこにあるのかな……。

ADVICE!　・規則性を見つけた頃合を見計らって、「九九表を見ないで数字を当てられるとすごいですね！」というようにしてもおもしろいです。

118

九九表を切り分けてパズルあそび！
100 九九表パズル
ねらい 九九表の形に注目する

❶九九表をバラバラに切る

九九表を配ります。今日は、この九九表でパズルあそびをします。九九表をバラバラに切り分けます。7つか8つくらいに分けて机の上に置きましょう。

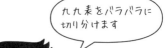
九九表をバラバラに切り分けます

❷となりの人と問題を出し合う

（活動後）では、となりの人と座席を交換します。お互いに、相手の作った問題を解いてみましょう。

う〜ん。どうすれば……。

あっ！　できた〜！

（活動後）
相手の問題を解くことができた人？

う〜ん。どうすれば……

ADVICE!　・となりの人の問題が解けたら、縦や斜めの座席の人と交換するなどして、数回楽しめるようにしたいところです。

足して引いて数をつくろう！

101 □の中の数字は何？

ねらい 計算の式から数を考える

❶式の中に数字を入れる

□＋□＋□＋□＝□□　（板書した後）□の中に、1から6の数字を入れます。
式を成り立たせましょう。
どんな数字を入れればいいでしょうか。
答えが分かった人は、こっそりと先生のところに言いにきてください。

ええっ、難しいな……。

❷ヒントから答えを導き出す

ヒントを出しましょう。1つだけ、数字が分かるところがあります。
1から6で、もっとも答えが大きくなるように3、4、5、6を足したとします。すると、十の位はどうなるかな？

1になる。
そうか……
答えのところの十の位は1だ！

では、残りの数字を入れてみましょう。

先生、分かりました。
2＋3＋4＋6＝15です。

正解！

ADVICE！　・鉛筆を持ったままジッとしている子どもには、「まず何か数字を当てはめて、うまくいくかどうか確かめてみよう」と声かけします。

九九なぞなぞ

　九九の学習を終えたら、スキマ時間に「九九なぞなぞ」の問題を出してみましょう。九九を覚えかけの頃に出題すると、覚え直す機会になります。

　全部で25問あります。1回目はノーヒントで読み上げて、徐々に九九の部分を強調しながら読み上げるようにするのがポイントです。

①**イチゴ**があるよ。何個ある？（5個）

②**肉**を買ってきたよ。何枚ある？（18枚）

③**サザンカ**は何輪咲いている？（9輪）

④お菓子の**国**は、何か国ある？（18か国）

⑤お**箸**があるよ。何膳ある？（32膳）

⑥かみなりが**ゴロゴロ**！　いったい何回鳴ったのかな？（30回）

⑦何を飲みたいかを聞いたら「**2×5ス**」と答えられました。何だろう？（ジュース）

⑧髪の毛を**七三**に分けている大学生がいます。何歳かな？（21歳）

⑨「**2×2を書いた**」という人がいます。何を書いたのかな？（詩）

⑩**ハック**、ション！　クシャミは何回したのかな？（72回）

⑪アリとハチ、**西**から出てきたのはどっち？（ハチ）

⑫**葉**っぱに止まっているのは何？（ムシ　※64を読み替える）

⑬かべを全部**黒**く塗るのに何分かかる？（54分）

⑭「**ごっくろうさん！**」おつかいのお駄賃は、いくらかな？（45円）

⑮**7×2のマツ**って、どんなマツ？（ジュウシマツ）

⑯向こうに、**にいさん**がいます。年は何歳？（6歳）

⑰とてもきれいな**サンゴ**しょうがあります。何個ある？（15個）

⑱**シク**シク泣いている子どもたちがいるよ。何人いるかな？（36人）

⑲**午後**にクッキーがもらえるよ。何個もらえるかな？（25個）

⑳**クック**と笑うおじいさんがいるよ。何歳かな？（81歳）

㉑三郎（**さぶろう**）くんが、栗を拾いました。何個ひろった？（18個）

㉒**ハチ**に追いかけられました。何匹いたでしょうか？（16匹）

㉓うれしいので、「**サンキュー**」と何度も言いました。何回言ったでしょうか？（27回）

㉔久しぶりに会ったので、「**ハロー**」と言いました。何回言ったでしょうか？（48回）

㉕動物園の檻に**ライオン**がいます。何匹いるでしょうか？（ライオンは**獅子**なので16匹）

おわりに

　2年生には、授業時数の都合上、「専科」なるものがほとんどつきません。担任が全教科を教える、というのが基本になることでしょう。したがって、1日中スキマなくクラスの子どもたちと接していることになります。

　集中して勉強したり、おもちゃを作ったり、自分の成長をふりかえったり、動植物を育てて観察したり、外で遊んだり、ケンカしたり、大笑いしたり……。じっくりと向かい合って子どもの成長を見ることができるのが2年生です。休み時間になると、子どもたちはたくさん話しかけにきてくれます。「昨日、おうちで、こんなことがあったよ！」「さっきの休み時間に、さかあがりができたよ！」というように。「高学年は心が疲れる、低学年は体が疲れる」とはよく聞く言葉ですけれども、まさしくその通り。1日を終える頃には、教師もグッタリしているのではないでしょうか。

　2年生の担任をする上で大事なのは、全教科を1人で見られるからこそ、その中で、1人1人のよさを認めていくことだと思います。
　私が担任をしていた頃、子どもたちと「世界に一つだけの花」を繰り返し歌っていました。その歌詞にあるように、「それぞれの花を咲かせること」に、一生懸命になれればいいなあと思うのです。
　算数が得意な子、体育が得意な子、人の気持ちがよく分かる子など、それぞれによって得意なことが違うのです。「あの子と比べて私はできない子なんだ」なんて悩む必要はなくて、「自分は自分のままでいい」と自分のよさに気付くことができるようにしていかなくてはなりません。そして、その気付きを促すことは、1日中子どもたちと同じ時間を過ごしている2年生担任の役割ではないかなと、私は考えています。

　「あそび」というのは、授業のメインではなく、あくまでもサブ的なものでしかありません。毎日を一緒に過ごしていると、同じことの繰り返しになり、どうしても飽きは生じてしまうものです。変化を加えるという意味で、適切にあそびを取り入れていくといいでしょう。
　大切な2年生という学年をよりよいものにするために、本書の内容が少しでも力になれば幸いです。

　2023年2月

　　　　　　　　　　　　　　　　　　　　　　三好真史

参考文献

・宮崎充治 監修、獲得型教育研究会 編著『小学校 中学校 授業で使えるドラマ技法＆アクティビティ50』明治図書出版（2020年）
・國分康孝・國分久子 総編集『構成的グループエンカウンター事典』図書文化社（2004年）
・木村 研 編著『準備いらずのクイック教室遊び 子どもの気持ちをつかむ遊びベスト40プラス4』いかだ社（2003年）
・木村 研 編著『準備いらずのクイック教室あそび 即効元気！すぐに熱中する遊びベスト45 Part 2』いかだ社（2011年）
・國分康孝 監修『エンカウンターで学級が変わるショートエクササイズ集』図書文化社（1999年）
・菊池省三『菊池省三の話し合い指導術』小学館（2012年）
・安次嶺隆幸『2年生のクラスをまとめる51のコツ』東洋館出版社（2017年）
・安部恭子・稲垣孝章 編著『「みんな」の学級経営 伸びる つながる 2年生』東洋館出版社（2018年）
・松本 明・道南フリートーク『心を育てる教師の言葉かけ 低学年』明治図書出版（1999年）
・向山洋一・TOSS中央事務局 編著『小学2年の学級づくり基礎学力づくり』明治図書出版（2003年）
・眞砂野 裕 ほか 編著『クラスの一体感が高まり、笑顔あふれる二年生 いきいき学級経営』小学館（2013年）
・ながたみかこ『みんなでワイワイ 早口ことば その1』汐文社（2007年）
・諸澄敏之 編著『みんなのPA系ゲーム243』杏林書院（2005年）
・八巻寛治『小学校学級づくり構成的グループエンカウンターエクササイズ50選』明治図書出版（2004年）
・石上則子 編著『準備らくらく！アイデア満載！ 小学校音楽あそび70』明治図書出版（2017年）
・飯田清美『子どもノリノリ歌唱授業 音楽＋身体表現で"歌遊び"68選』学芸みらい社（2016年）
・阪井 恵・酒井美恵子 編著『導入・スキマ時間に楽しく学べる！ 小学校音楽「魔法の5分間」アクティビティ』明治図書出版（2015年）
・近野十志夫『算数あそびファックス資料集 小学校1・2年生 改訂版』民衆社（2011年）
・算数あそび研究会『誰でもできる算数あそび60』東洋館出版社（2015年）
・樋口万太郎『「あそび＋学び」で、楽しく深く学べる 算数アクティビティ200』フォーラム・A（2019年）
・岩下 修『岩下修の国語授業 授業を成立させる基本技60』明治図書出版（2016年）
・二瓶弘行 編著『5分でできる！ 小学校国語 ミニ言語活動 アイデア事典』明治図書出版（2018年）
・土居正博『「繰り返し」で子どもを育てる 国語科基礎力トレーニング』東洋館出版社（2020年）
・教師の働き方研究会 編『教職1年目の学級あそび大全』明治図書出版（2022年）

著者紹介

三好真史（みよし しんじ）

堺市立小学校教諭。令和4年度より、京都大学大学院
教育学研究科に在籍。
教員サークル「ふくえくぼの会」代表。
メンタル心理カウンセラー。
主な著書に、『子どもがつながる！ クラスがまとま
る！ 学級あそび101』（学陽書房）、『教師の言葉か
け大全』（東洋館出版社）などがある。

仲よくなれる！ 楽しく学べる！
2年生あそび101

2023年 3月 31日 初版発行

著者	———	三好真史
装幀	———	スタジオダンク
本文デザイン・DTP制作	———	スタジオトラミーケ
イラスト	———	榎本はいほ
発行者	———	佐久間重嘉
発行所	———	株式会社 学陽書房

東京都千代田区飯田橋 1-9-3 〒 102-0072
営業部 TEL03-3261-1111 FAX03-5211-3300
編集部 TEL03-3261-1112 FAX03-5211-3301
http://www.gakuyo.co.jp/

印刷	———	加藤文明社
製本	———	東京美術紙工

©Shinji Miyoshi 2023, Printed in Japan
ISBN978-4-313-65474-7 C0037
JASRAC 出 2301137-301

乱丁・落丁本は、送料小社負担にてお取り替えいたします。
定価はカバーに表示してあります。

子どもがつながる！
クラスがまとまる！
学級あそび101

三好真史 著 ◎A5判228頁　定価1760円（10％税込）

準備なしで気軽に教室ですぐに取り組めるカンタン学級あそび集。子ども1人ひとりの距離を縮めながら、自然なつながりを引き出すコミュニケーションあそびが満載です。すべてのあそびが、低・中・高学年に対応！

学校が大好きになる！
小1プロブレムもスルッと解消！
1年生あそび101

三好真史 著 ◎A5判132頁　定価1980円（10％税込）

学校教育の学級担任の中でも特別と言われる1年生。学校生活に慣れさせながら、友だちとのつながりやルールの習得、また、読み書きや計算などの初歩学習も身につき、気が付くと学校が大好きになっている愉快なあそびが詰まった一冊！

読み書きが得意になる！
対話力がアップする！
国語あそび101

三好真史 著 ◎A5判140頁　定価2090円（10％税込）

「もっと書きたい」「もっと読みたい」「もっと話し合いたい」……子どもが夢中になって言葉の世界を広げていくことができるあそび集。しりとりや辞書を使ったゲーム、作文ゲームなど、楽しく取り組みながら国語が大好きな子どもを育みます！

体育が苦手な教師でも必ずうまくいく！

マット・鉄棒・跳び箱 指導の教科書

三好真史 著

◎ A5判192頁　定価2200円（10％税込）

体育科指導の最難関とも言われる器械運動は、3ポイントと5ステップを押さえれば必ずうまくいく！　運動がじつは苦手という先生でも不安なく指導できる具体的方法が学べる書。基本の技はもちろん、安全を確保する補助の仕方、つまずいている子へのアドバイスなどが分かりやすいイラストとともに学べて、どの子からも「できた！」が引き出せます！